Günter F. Gross

Beruflich Profi, privat Amateur?

Günter F. Gross

Beruflich Profi, privat Amateur?

Berufliche Spitzenleistungen und
persönliche Lebensqualität

20. Auflage

REDLINE | VERLAG

Bibliografische Information der Deutschen Nationalbibliothek
Die Deutsche Nationalbibliothek verzeichnet diese Publikation in der Deutschen Nationalbibliografie.
Detaillierte bibliografische Daten sind im Internet über http://dnb.d-nb.de abrufbar.

Für Fragen und Anregungen:
günter-f-gross@redline-verlag.de

20., aktualisierte und erweiterte Auflage 2009

19. Auflage 2005
18. Auflage 2002
17. Auflage 1999
16. Auflage 1998
15. Auflage 1998
14. Auflage 1997
13. Auflage 1996
12. Auflage 1995
11. Auflage 1994
10. Auflage 1993
9. Auflage 1992
8. Auflage 1992
7. Auflage 1991
6. Auflage 1991
5. Auflage 1990
4. Auflage 1990
3. Auflage 1990
2. Auflage 1989
1. Auflage 1989

© 2009 by Redline Verlag, ein Imprint der FinanzBuch Verlag GmbH, München,
Nymphenburger Straße 86
D-80636 München
Tel.: 089 651285-0
Fax: 089 652096

Alle Rechte, insbesondere das Recht der Vervielfältigung und Verbreitung sowie der Übersetzung, vorbehalten. Kein Teil des Werkes darf in irgendeiner Form (durch Fotokopie, Mikrofilm oder ein anderes Verfahren) ohne schriftliche Genehmigung des Verlages reproduziert oder unter Verwendung elektronischer Systeme gespeichert, verarbeitet, vervielfältigt oder verbreitet werden.

Umschlaggestaltung: Jarzina Kommunikations-Design, Holzkirchen
Layout und Satz: Agentur MCP, Holzkirchen
Druck: GGP Media GmbH, Pößneck
Printed in Germany

ISBN 978-3-86881-034-9

Weitere Infos zum Thema:
www.redline-verlag.de
Gerne übersenden wir Ihnen unser aktuelles Verlagsprogramm.

Inhalt

Vorwort
7

Chancen für eine glückliche Ehe
9

**Belastungen und Sorgen
ohne Demoralisierung bewältigen**
105

Das Günter F. Gross-Antiärger-System
151

Furchtlosigkeit und Lebensqualität
257

Das »Privat Profi«-Programm
277

Vorwort zur 20. Auflage

Muss Ihr Leben ein Schmalspurleben sein? Muss Ihr Beruf Sie zeitlich und gedanklich so gefangen nehmen, dass Ihnen für Ihr persönliches Leben kaum etwas an Zuwendungsvermögen bleibt? Ist das der Preis, den Sie für den beruflichen Erfolg zahlen haben? Der berufliche Erfolg ist eine enorme Leistung, aber er ist noch nicht der Lebenserfolg. Den können Sie nur gewinnen, wenn Sie Ihre persönliche Freiheit und Lebensqualität klug und entschlossen verteidigen.

Drei Lebensleistungen sind für den Lebenserfolg von zentraler Bedeutung. Die erste bezieht sich auf Sie selbst. Bei ihr geht es darum, das zu werden, wofür Sie angelegt sind, Ihren Mut und Optimismus zu bewahren, und der Alltäglichkeit nicht zu gestatten, Sie alltäglich zu machen. Die zweite große Lebensleistung ist die Begründung und Erhaltung einer glücklichen privaten Partnerschaft. Die dritte, den Kindern eine glückliche Kindheit zu liefern. Sie mutig und stabil zu machen, ihnen Bildungsfreude zu vermitteln und ihr Selbstbewusstsein zu stärken.

Die heutige Zeit macht es uns nicht leicht, für alles dies die Zeit, die Kraft und die innere Ruhe zu gewinnen. Wir leben im Zeitalter der Geschwindigkeit und damit in Hetze und Hektik. Das Missverhältnis zwischen der verfügbaren Zeit und dem was verlangt wird und geschafft werden muss, wird immer größer. Muße ist aus dem Leben vieler verschwunden. Das in der Vergangenheit Geleistete zählt nicht mehr. Kaum sind wir am Ziel angekommen, stehen wir wieder am Start.

Der Wettbewerb ist extrem geworden. Jedes Spielfeld ist überfüllt. Schonräume existieren nicht mehr. Technologische Sprünge haben ganze Betätigungsgebiete obsolet gemacht. Das Internet hat die Welt total verändert. Werkzeuge, die uns Bequemlichkeit, Zeit und Freiheit verschaffen sollten, helfen uns nicht nur, sondern beginnen uns zu gefährden. Die beruflichen Probleme und Belastungen dringen in das Privatleben ein, beherrschen die Gespräche und werden zur dauernden Belastung.

Was die privaten Partnerschaften betrifft, ist die größte Veränderung die große Zunahme der Zahl hervorragend ausgebildeter Frauen in verantwortungsvollen Positionen. Wer viele von Ihnen kennt, weiß mit welcher Entschlossenheit sie gewillt sind, eine hervorragende Arbeit zu leisten. Unter vollem Einsatz dessen, was dazu nötig ist, Zeit, Mühe und Kraft. Das Ergebnis sind chronische Zeitnot und häufig auch eine enorme Erschöpfung. Ohne Unterstützung des Partners bei allen Aufgaben des Privatlebens, ist ein solches Leben unzumutbar und nicht durchzuhalten.

Um in dieser Zeit die Lebensqualität zu sichern, brauchen wir eine Vorstellung von dem, was unsere private Partnerschaft sein sollte. Jeder der Partner hat die gleichen Aufgaben: Den anderen zu schützen, ihn zu entlasten, zu ermutigen und ihm Hoffnung, Lebensfreude und ein Gefühl der Freiheit zu erhalten.

Das strategische Konzept und die Erfolgsregeln für eine glückliche, schützende Partnerschaft finden Sie in diesem Buch. Die ersten vier Kapitel zeigen Ihnen, wie Sie miteinander umgehen sollten, was Sie tun sollten, um sich von Problemen und Belastungen zu befreien, um heiter, unaufgeregt und gelassen zu bleiben und sich weniger von Furcht und Besorgnissen überfallen zu lassen.

Ein besonderes Kapitel enthält das »Privat Profi«-Programm. Es nennt Ihnen die Gewohnheiten, die Sie etablieren sollten, um Ihrem Privatleben die gleiche Professionalität und Strategiefähigkeit zukommen zu lassen, die Sie im Berufsleben für selbstverständlich halten. Es reicht nicht aus, etwas zu wissen und zu wollen. Sie brauchen eine Automatik, die garantiert, dass Sie es auch tun. Gewohnheiten bringen das zustande.

Auch in einer Zeit wie dieser muss Ihr Leben kein Schmalspurleben sein. Das Ziel heißt »Glückspur statt Schmalspur!«

Ihr Günter F. Gross　　　　　　　　München, im Oktober 2009

Chancen für eine glückliche Ehe

Hat der beruflich besonders Erfolgreiche überhaupt die Chance, ein aktives und glückliches Privatleben zu führen? Ist eine Kombination von beruflichen Spitzenleistungen und persönlicher und familiärer Lebensqualität möglich oder schließt das eine das andere aus? Ist es vielleicht sogar so, dass nur der beruflich Mittelmäßige Zeit, Kraft und Interesse für sein Privatleben behält?

Reicht dem beruflich besonders Erfolgreichen sein Berufsleben? Genügt es ihm, um sich wohlzufühlen? Hat er überhaupt die Entschlossenheit, privat genauso »erfolgreich« zu werden wie in seinem Beruf? Wäre für ihn nicht vielleicht die ideale Situation eine befriedete Heimatfront ohne Anforderungen und Aufregungen, sodass er sich völlig seinen beruflichen Interessen widmen könnte?

Gibt es berufliche Zwänge, die es ihm selbst beim besten Willen unmöglich machen, sich mit Zeit, Kraft und Gelassenheit seinem Privatleben zuzuwenden?

Warum ist er so einseitig auf seinen Beruf konzentriert? Wer und was zwingt ihn dazu? Welchen definitiven Zwängen ist er ausgesetzt und welchen vermeintlichen? Welche Belastungen verschaffen ihm andere, welche schafft er sich selbst? Wird seine Belastung in der Zukunft größer werden? Welcher Art werden die zukünftigen Mehrbelastungen sein?

Bevor Sie diese Fragen nicht für sich geklärt haben, können Sie keine Strategie für die Gestaltung eines erfüllteren Privatlebens festlegen.

Wenn im Folgenden von »dem« beruflich besonders Erfolgreichen und Beanspruchten gesprochen wird, ist selbstverständlich genauso »die« beruflich besonders Erfolgreiche gemeint.

Die Merkmale des Erfolgreichen

Der beruflich besonders Erfolgreiche ist es, weil er professionell ist. Er ist nicht nur deshalb erfolgreich, weil er begabt ist, ideenreich und ein Gestalter außergewöhnlicher Konzeptionen. Diese Faktoren sind wichtig, werden im Erfolgsgefüge aber häufig überschätzt. Kein Unternehmen braucht jede Woche eine neue große Konzeption. Im Gegenteil: Würde so etwas jede Woche geliefert werden, dann würde das Unternehmen das nicht lange überleben.

Der Erfolgreiche und Professionelle liefert keine Idee nach der anderen. Sein Erfolgsfaktor ist auch nicht nur die überragende Intelligenz. Seinen Erfolg bringt die Konzentration auf die Realisierung. Der Erfolgreiche ist erfolgreich, weil er mehr Zeit und Kraft als andere für die Realisierung einsetzt.

Er hat ein ausgeprägtes Empfinden für Dringlichkeit und die entschlossene Verfolgung angebahnter Chancen. Er ist außergewöhnlich sorgfältig bei gewöhnlichen Dingen. Das bedeutet, dass er besonders umsichtig ist und daher ständig verknüpft mit einer Vielzahl von Faktoren. Die Folge ist, dass er gedanklich selten frei ist. Er ist ständig mit irgendeinem Thema beschäftigt. Wie es so schön heißt: »Er kann nicht abschalten!«

Mannschaftskapitän und Torwart

Meist ist er Mannschaftskapitän und Torwart zugleich. Das bedeutet, dass er die Führungsverantwortung für die Mannschaft hat, gleichzeitig aber auch fachlich die letzte Instanz ist.

Von seiner Widerstandskraft hängt der Erfolg der Mannschaft ab. Während das Spiel läuft, kann er seine Position nicht verlassen. Das wäre fatal. Es gibt keine private Kraft, die ihn in einer solchen Lage bewegen könnte, sich vom Spielfeld zu entfernen.

Man stelle sich die Ehefrau eines Torwarts vor, die hinter seinem Tor steht und versucht, ihn vom Spielfeld zu locken: »Was tust du eigentlich? Du stehst die gesamte Zeit nur herum. So eine Arbeit hätte ich auch gern. Jetzt habe ich endlich einen Eindruck von dem, was du als Schwerarbeit bezeichnest. Nennst du das Arbeit? Ist das wirklich etwas für erwachsene Männer? Macht dir das eigentlich Spaß?

Ich denke, du bist der Mannschaftskapitän. Ich höre immer, man müsse delegieren. Delegiere du doch einmal. Was tun deine Leute eigentlich? Sprich einmal ein Machtwort. Schicke die Burschen nach vorn. Was treiben die sich immer in deiner Nähe herum? Wenn die fleißiger laufen würden, dann käme der Ball überhaupt nicht in deine Spielhälfte.

Musst du wirklich persönlich anwesend sein? Könntest du nicht einen Anrufbeantworter am Tor anbringen? Ich gebe dir gern den Text dafür: ›Der Torwart ist zurzeit wegen wichtiger privater Aufgaben nicht erreichbar. Bitte kommen Sie mit dem Ball morgen wieder!‹«

Zurück zu den Zwängen: Während das Spiel läuft, darf der Torwart sich nicht von privaten Faktoren ablenken lassen. Er benötigt die volle Konzentration. Während der Gegner sich anschickt, einen Elfmeter auf das Tor zu schießen, kann der Torwart sich nicht umdrehen und mit seinem Ehepartner eine gelöste Diskussion über die Gestaltung des Abends beginnen.

Das ist die Situation, in der sich der berufliche »Hochleistungssportler« befindet. Das ist die Lage, solange das Spiel läuft. Zwischen den Spielen herrscht eine andere Situation. Weiter gilt: Wer hemmungslos ein Spiel nach dem anderen annimmt, gerät in eine völlig andere Situation als der, der die Auswahl seiner Spiele, also seiner Projekte, sorgfältiger bedenkt.

Wer beruflich alles ergreift, was an Möglichkeiten unterschiedlichster Größenordnung an ihm vorbeizieht, dem fällt beim gierigen Zugreifen die private Lebensqualität aus den Händen.

Die Kosten des Erfolges heute

Die Kosten, die für den Erfolg aufzuwenden sind, steigen von Jahr zu Jahr. Zwei Faktoren sind hierfür besonders verantwortlich. Es ist das definitiv zunehmende Tempo der Veränderungen, also das Fehlen von Kontinuität und eine immer kürzer werdende Lebenserwartung für eine bestimmte Bedingungslage. Es ist zum Zweiten die zunehmende Forschungs-, Entwicklungs- und damit Veränderungskapazität der Wettbewerber.

Die Zahl der Wettbewerber nimmt zu. Ihr Realisierungsvermögen wächst. Wettbewerber von jenseits der Grenzen setzen sich in Bewegung und erzwingen von Ihnen noch mehr Zeit und Kraft, um die bisherigen Erfolge weiter erzielen zu können.

Andererseits werden auch Sie offensiv in neue Gebiete eindringen, um dort größere Erfolge zu erzielen. In diesem Sinne wird der globale Markt das berufliche Erfolgspotenzial vergrößern. Für Ihr Privatleben wird diese Entwicklung eher eine zusätzliche Belastung als eine Entlastung bringen. Das muss früh genug überlegt und einkalkuliert werden.

Das zunehmende Tempo der Veränderungen ist es, was so wenig Energie für das Privatleben übrig lässt. *Erfolg haben* ist die eine Seite, *Erfolg behalten* die andere. Früher war die Lage grundsätzlich anders.

Das Merkmal früherer Jahrzehnte war, dass Sie wegen eines gemächlicheren Tempos bei den Veränderungen die Früchte Ihres Erfolges langfristig genießen konnten.

Sie hatten eine Idee. Sie realisierten diese Idee. Dann hatten Sie vielleicht Jahre der Ernte. Heute säen Sie eine Idee. Anschließend haben Sie nur eine Erntesaison. Alles, was Sie heute an neuen Ideen investieren, bringt Ihnen nur für eine kurze Zeit eine Erfolgsrente. Dann haben die Wettbewerber nachgezogen und Sie müssen wieder neu starten.

Heute ist die Befriedung eines geschäftlichen Gebietes immer nur für eine kurze Zeit möglich. Das Abstecken des eigenen Claims müssen Sie immer wieder neu betreiben. Kaum haben Sie Ihren Claim abgesteckt, taucht Dschingis Khans Horde auf und wird auf Ihrem Territorium tätig.

Diese Analyse scheint wenig Hoffnung für ein glücklicheres Privatleben und ein Mehr an persönlicher Lebensqualität zu belassen. Oder gibt es vielleicht doch strategische Ansätze, um sowohl beruflich erfolgreich zu bleiben als auch privat erfolgreich zu werden? Es gibt sie. Aber lassen Sie uns bitte vorher noch einen weiteren Blick auf die Lage der beruflichen Elite werfen.

Die berufliche Elite

Elite wird hier als Leistungs- und damit Qualitätselite verstanden. In dem hier verstandenen Sinn ergibt sich die Zugehörigkeit zur Elite aus Fleiß, Anstrengung und einem ausgeprägten Gefühl für Verantwortung und Leistungsnotwendigkeit.

Die Elite lebt in einer speziellen Art von Armut. Das wird deshalb nicht auf Anhieb gesehen, weil normalerweise der Armutsbegriff viel zu schmal gefasst ist. Armut wird fast nur unter dem finanziellen Aspekt gesehen. Diese enge Sicht bedeutet eine völlige Fixiertheit auf nur einen Armutsfaktor, nämlich den finanziellen. Den Grad des Wohlstandes allein von der finanziellen Lage ableiten zu wollen ist naiv.

Bei einer breiteren Sicht der Dinge erkennen Sie klar: Die Elite lebt in Armut. Sie ist arm an Zeit, Muße und Ruhe. Die Elite lebt zeitlich unterhalb des Existenzminimums. Für ihr persönliches Leben kann sie nur Zeitreste zusammenkratzen. Sie kann in keiner Weise zeitlich aus dem Vollen schöpfen. Die Elite hat ständig Zeitschulden. Der Saldo zwischen dem, was sie leisten sollte, und dem, was sie leisten kann, ist fast immer negativ.

Elite

Begabung
Anstrengung
Leistungsanstand
↳ Qualität

Die Elite lebt in Armut

Keine Zeit
Keine Muße
Keine Ruhe
Keine Anerkennung
Kein Mitgefühl
Keine soziale Sicherheit

© Günter F. Gross

Für die Mitglieder der Elite besteht die Gefahr, dass sie um wesentliche Teile dessen gebracht werden, was den Lebenserfolg ausmacht. Wenn es den beruflich Erfolgreichen nicht gelingt, auch ihr Privatleben glücklich zu gestalten, dann leben sie nicht wirklich.

Das Management Ihrer persönlichen Ressourcen

Starten Sie mit einer Betrachtung Ihrer persönlichen Ressourcen. Sehen Sie sich sämtliche Ressourcen an, die einen Einfluss auf Ihre Realisierungskraft und damit Realisierungsfähigkeit haben. Je schneller und kraftvoller Sie Hindernisse überwinden, umso schneller erreichen Sie Ihre Erfolgsziele. Es mag sich dabei um Maßnahmen der Offensive oder der Sicherung handeln.

Je schneller Sie die beruflichen Aufgaben bewältigen, umso mehr Zeit bleibt übrig für Ihre Ehe. Damit sind wir bei einer der wichtigsten Ressourcen, nämlich Ihrer Zeit. Sie brauchen eine bessere Zeitstrategie. Anders ausgedrückt: Sie brauchen einen besseren Zeitetat, ein besseres Zeitzuordnungsgefüge.

Die Auswahl Ihrer Betätigungsgebiete ist absolut entscheidend. Sie haben jede zeitliche Investition so kritisch zu betrachten wie eine finanzielle. Sie haben mit einer Anzahl von Projekten zu tun. Es kann sein, dass 20 Prozent der Projekte 80 Prozent des Erfolges bringen. Natürlich lässt sich so etwas nicht immer im Voraus wissen. Trotzdem kann man sagen, dass sich die meisten aus den verschiedensten Gründen fahrlässig und nicht genügend überlegt auf Projekte einlassen, die wenig Erfolgsbeitrag bringen, die Erfolge anderer Projekte gefährden und dazu zwingen, dem Privatleben Zeit zu entziehen.

Wirklich unternehmerische Persönlichkeiten sind auch Meister der Konzentration. Sie sind nicht nur entschlossene Unternehmer, sondern gerade auch noch entschlossenere Unterlasser. Sie müssen nicht überall dabei sein. Sie entscheiden *selbst*, ob sie sich in Bewegung setzen wollen.

Lassen Sie sich von Ihrem Ehepartner mehr als bisher bei der Überlegung des Einsatzes und der Zuordnung Ihrer zeitlichen Ressourcen helfen.

Ihr Ehepartner kennt inzwischen Ihre Grundsätze. Er weiß, welche langfristigen Ziele Sie ansteuern. Er sieht mehr als Sie, welche Verzettelungsgefahren bestehen und wann die Gefahr auftritt, dass Sie sich auf Nebenwegen von Ihrem Ziel entfernen. *Ihr Ehepartner ist nüchterner.*

Bitten Sie Ihren Ehepartner, Ihnen Fragen zu stellen. Aussagesätze und Kommentare bringen viel zu wenig. Ihr Ehepartner braucht nur wenige Fragen und bringt Sie mit diesen vielleicht aus dem Rausch heraus und auf den Boden der nüchternen Einschätzung der Sinnhaftigkeit des Ganzen. Hier sind einige Fragen, die Ihr Ehepartner Ihnen stellen könnte:

1. Ist das ein großes Projekt? Wie groß?
2. Passt es zu dem, was du grundsätzlich und langfristig anstrebst? Hilft es dir im Hinblick darauf, weiterzukommen?
3. Gibt es irgendwelche anderen Projekte, die dann vernachlässigt werden müssen, schwerer zu realisieren sind oder weniger bringen?
4. Musst du *unbedingt* an dieses Projekt herangehen?
5. Welches andere Projekt wäre vielleicht sinnvoller und gewinnbringender?
6. Was hast du persönlich davon?
7. Was bringt es uns für unser Privatleben?
8. Ist es wirklich ein außergewöhnlich lohnendes Projekt?
9. Wer außer dir hätte auch noch etwas davon?
10. Würdest du an dieses Projekt herangehen, wenn du nur noch sechs Stunden am Tag arbeiten dürftest?

Mit dem Vorangegangenen wurde einiges zum Thema des strategischen Umgangs mit der Ressource »Zeit« gesagt.

Lassen Sie uns die anderen Ressourcen ansehen, die neben der Zeit entscheidende Bedeutung für das Privatleben haben. Es sind folgende:

– *psychische Energie*
– *Stimmung*
– *physische Kraft* – *Gesundheit und Fitness*

Mit den Methoden der Erhaltung und Förderung Ihrer Stimmung befassen sich besonders die beiden folgenden Kapitel dieses Buches. An dieser Stelle geht es um Ihre psychische Energie.

Häufig ist es nicht die begrenzte Zeit, die ein glückliches und erfülltes Privatleben verhindert. Es ist die fehlende psychische Energie. Der Tag ist vorbei. Der Abend kommt. Die Kraft ist weg.

Die meisten nehmen es als selbstverständlich hin, dass die berufliche Tätigkeit ihnen ihre Energie nimmt und dass der private Bereich dazu dienen muss, die Batterien wieder aufzufüllen.

Dieser Ansatz ist gefährlich. Der Energie- und Kraftverlust als Ergebnis intensivster beruflicher Arbeit wird als selbstverständliche Folge angesehen: »Ich habe heute zwölf Stunden gearbeitet. Ich muss absolut fertig sein. Wenn einer so lange gearbeitet hat, dann kann er nicht mehr frisch sein. Irgendwie fühle ich mich nicht erschöpft, aber das muss ein Irrtum sein. Ich *muss* völlig erschöpft sein. Es kann gar nicht anders sein!«

Das ist negative Autosuggestion. Ihre private Lage wird sich grundlegend ändern, wenn Sie mit der gegenteiligen Ansicht als der beschriebenen an Ihr Berufsleben herangehen. Der Ansatz lautet: »Mein Beruf ist mein Hobby. Ich liebe meinen Beruf. Ich werde meine Arbeit so gestalten, dass mein Beruf den Charakter des Hobbys für mich behält.

Ich werde mein Verhalten in Gesprächen, beim Telefonieren, beim Diktieren und in Konferenzen so ändern, dass Ruhe und Gelassenheit hineinkommen. Von jetzt an werde ich entschlossen ohne Hetze und Hektik arbeiten. Hektik hat den Charakter von ›side steps‹. Je größer mein Arbeitsvolumen ist, umso weniger schnell bringt mich Hektik voran.

Mein Ziel ist die Gewinnung von Energie und nicht der Verlust von Energie als Ergebnis meiner Arbeit. Meine extreme Zielvorstellung lautet: Ich möchte am Ende eines Arbeitstages gelöst, heiter und gelassen nach Hause kommen. Ich möchte auf die Frage meiner Frau, wie es mir geht, antworten: ›Unglaublich, absolut frisch!‹«

Wieso soll das nicht möglich sein? Alle Faktoren, die einen solchen Zustand verhindern, sind nutzlose Elemente. Es sind Faktoren wie Hetze, Nervosität, Ärger und Sorgen. Keiner dieser Faktoren bringt Sie durch sein Auftreten voran. Es sind absolut unnütze Gestalten. Werfen Sie diese Faktoren aus dem Fenster Ihres Büros. Es sind Nichtsnutze. Je weniger Sie diese Typen um sich haben, umso kräftiger und gelöster werden Sie zu Hause erscheinen. Wie Sie die Entfernung dieser Faktoren zustande bringen, zeigen Ihnen die folgenden Kapitel. Jetzt aber wird es Zeit, der Ehe näherzutreten.

Lebensqualität

Lebensqualität ist *Zusammenlebens-Qualität*, also die Qualität von Partnerschaften. Die Partnerschaft mit dem größten Einfluss auf Ihr persönliches Glück ist die Ehe.

Die Ehe ist Ihr einziger lebenslanger Vertrag. Sie ist die größte Lebensaufgabe, die sich Ihnen stellt. Sie ist *die* Herausforderung an Ihre Kreativität, Ihr Können und Ihr Gestaltungsvermögen.

Lebenserfolg ist das, was Sie fühlen und denken

Ihr Lebenserfolg ist Ihre Stimmung. Es ist die Qualität der Gedanken, die Ihnen durch den Kopf gehen.

Lebenserfolg

Ihre Stimmung
„Das, was Sie denken!"

Lebenserfolg
Furchtlosigkeit
Innere Ruhe
Heitere Gelassenheit
Fehlen von Druck

Lebensqualität
„Zusammenlebens-"
Qualität
=
Die Qualität
Ihrer Partnerschaften

© Günter F. Gross

Lebenserfolg besitzen Sie, wenn sich Ihre Furchtsamkeit in Grenzen hält, wenn Sie innere Ruhe haben, ein Gefühl der heiteren Gelassenheit, und nicht ständig unter Druck stehen.

Wie weit Sie das schaffen können, ist von der Güte Ihrer beruflichen und privaten Partnerschaften abhängig. Die Kardinal-Partnerschaft für die Bestimmung Ihres Lebenserfolges ist Ihre Ehe.

Ihr beruflicher Erfolg ist nicht Ihr Lebenserfolg

Manchen erscheint er als ausreichend. Ihnen genügt es, wenn privat keine zweite Front entsteht. Sie sind zufrieden, wenn es ihnen gelingt, eine entstandene zweite Front einigermaßen zu befrieden.

Es reicht ihnen, wenn sie zu Hause keinen Partisanenkampf führen müssen. Die Hoffnung, dass es ihnen gelingt, aus den auf ihrem Territorium mitwohnenden Menschen herzliche Verbündete zu entwickeln, haben sie längst aufgegeben.

Sie erkennen höchstens an, dass die berufliche Leistungs- und Erfolgsfähigkeit natürlich auch von der Qualität des Privatlebens abhängig ist. Sie sehen, dass berufliche Probleme häufig die Folge privater Probleme sind. *Deshalb* möchten sie keine privaten Probleme haben.

Bei ihrer Betrachtung wird alles um sie herum immer nur an seiner Bedeutung für ihre berufliche Tätigkeit gemessen. Sie sehen nicht, dass die Ehe eine Institution *sui generis* ist und nicht nur ein Mittel zum beruflichen Zweck. Für sie ist eine gute Ehe nicht eine »bessere Ehe«, sondern weniger Behinderung des Beruflichen.

Die Ehe ist ein

selbstständiges Unternehmen

keine

Zweigstelle

© Günter F. Gross

Front und Etappe

Es ist falsch, den Beruf als Front zu sehen und das Privatleben als Etappe. Diese Sicht gibt dem Privatleben wiederum eine reine Unterstützungsfunktion. Sie verhindert den Blick dafür, dass auch das Privatleben ein Bereich ist, in dem ein positives und aktives Handeln nötig ist.

Im Vergleich zum Beruf wird der private Bereich, besonders die Ehe, ideenmäßig und kräftemäßig viel zu wenig bedacht. Für das Privatleben existiert viel weniger an Strategie und Professionalität. Dieses Denken und Verhalten ist amateurhaft. Es behandelt die Ehe nicht als ein selbstständiges Unternehmen, sondern als Zweigstelle, Anbau oder Dépendance.

Lebensziel: Erfolgreich überleben!

Die Gestaltung Ihres Lebens ist auch die Gestaltung Ihres Überlebens. Für den Beruf wissen Sie, welcher Faktor das Überleben einer Organisation ermöglicht. Im Beruf, insbesondere bei Unternehmen, geht es um das *wirtschaftliche Überleben*. Der Faktor, der dieses zustande bringt, ist der *finanzielle Gewinn*.

In der Ehe geht es ebenfalls um das Überleben, um das Überleben der Ehe und ihres zentralen Sinns. Im Beruflichen ist es das materielle Überleben. In der Ehe ist es das *emotionale Überleben*. Der Faktor, der das bestimmt, heiß *Zärtlichkeit*!

Ohne die Bewahrung und Entwicklung der Zärtlichkeit ist die Ehe ein Nichts. Es ist ein Gebilde aus Stein ohne Leben.

Wo wären wir, wenn wir uns über diesen lebensentscheidenden Faktor für die Ehe wenigstens einen Bruchteil der Gedanken machen würden, die wir im Zusammenhang mit dem angestrebten beruflichen Erfolg für den Faktor »finanzieller Gewinn« tagtäglich aufwenden?

CHANCEN FÜR EINE GLÜCKLICHE EHE

Überleben!!!

Im Beruf

Gewinn

↓

Wirtschaftlich überleben

Im Privaten

Zärtlichkeit

↓

Emotional überleben

© Günter F. Gross

Ihr Ehepartner

Der einzige Partner, mit dem Sie einen lebenslangen Vertrag haben

Ihr wichtigster Kunde

Ihr einziger Kunde, der auch nachts anwesend ist und beliefert wird
- mit Wachheit
- und Zuwendung

© Günter F. Gross

Die Ehe

Der
einzige
lebenslange
Vertrag

Manche
bevorzugen
Leasing.

© Günter F. Gross

Ihr Ehepartner ist Ihr wichtigster Kunde

Kein anderer Partner ist für Sie wichtiger als Ihr Ehepartner. Er ist nicht nur der einzige Kunde, mit dem Sie einen lebenslangen Vertrag haben. Er ist auch der einzige Kunde, der nachts anwesend ist. Er steht Ihnen näher als jeder andere.

Ihre Ehe ist keine Institution, sondern ein Projekt

Ihre Ehe ist nicht etwas, das einfach da ist und dann so bleibt. Ihre Ehe ist nichts Statisches. Sie ist nichts, das Sie einmal begründet haben, um dann sagen zu können: »So – das war's.«

Beide Ehepartner haben für ihre Ehe eine Gestaltungsaufgabe. Eine Ehe ist so zu entwickeln, wie man das bei einem Unternehmen als selbstverständlich ansieht. Auch Ihre Ehe bedarf der Ziele, der Maßnahmenplanung, vielleicht sogar der Fortschrittskontrolle. Ihre Ehe bedarf der Zuordnung von Ressourcen, besonders also einer angemessenen Zeitzuwendung in Ihrem Zeitetat.

Im Rahmen Ihrer beruflichen Tätigkeit manifestieren sich Zusammenleben und Zusammenarbeit in einer nie endenden Kette von Gesprächen und Konferenzen. In ihnen werden Informationen geliefert, Entscheidungen getroffen, Ziele bestimmt, Maßnahmen geplant, Ergebnisse bewertet.

Im Privatleben passiert da wenig. »Konferenzen« zu Themen der genannten Art finden in vielen Ehen überhaupt nicht statt. *Die Ehe ist das einzige konferenzlose Unternehmen.*

Der berufliche Profi ist auf dem privaten Auge blind. Er sieht nicht, was ist, und nicht, was sein sollte. Er übersieht, dass auch die Ehe eine systematische Lagebeurteilung benötigt, Kreativität, Ziele, Aktionen, Erfolgskontrolle und einen Satz von Kooperationsregeln.

Die Ehe ist keine Institution, sondern ein Projekt!

Also:

Situationsanalyse
Kreativität
Ziele
Aktionen
Erfolgskontrolle

© Günter F. Gross

Dabei wäre es für den beruflichen Profi so leicht. Er verfügt über das gesamte Rüstzeug für die Gestaltung von Kooperationen und das Management von Projekten. Er brauchte nur einiges von seinem beruflichen Managementwerkzeug für das Privatleben nutzbar zu machen.

Methoden- und Termini-Transfer

Als beruflicher Profi brauchen Sie sich nur einmal zu vergegenwärtigen, mit welchen Begriffen Sie in Ihrer beruflichen Sphäre ständig umgehen. Übertragen Sie diese Begriffe in spielerischer Weise auf das Privatleben. Dann sehen Sie einen Katalog von Aufgaben und Möglichkeiten.

Allein die Begriffe der Führungstechnik zeigen das. Unter Führung versteht man: »Menschen in Bewegung bringen und in Bewegung halten auf ein Ziel«.

Um das zustande zu bringen, haben Sie bestimmte Funktionen zu erfüllen. Es sind die gleichen Funktionen, die bei einem kreativen und dynamischen Privatleben anfallen. Auch privat sind Tätigkeiten und Leistungen abzusprechen. Es gilt, zu motivieren und zu ermutigen. Die Ergebnisse sind zu kontrollieren und zu beurteilen.

Auch privat gibt es die Aufgaben der Kommunikation und Kooperation. Ohne Gespräche und »Konferenzen« geht das nicht.

Risikofaktoren, Probleme, Chancen, Ziele und Maßnahmen lassen sich nicht immer nur nebenbei, wenn es sich gerade einmal ergibt, behandeln. Es gibt genügend wichtige Themen im Privatleben, die es ratsam und nötig machen, mit Konzentration und Methodik angegangen zu werden. Die Schlussfolgerung lautet: Sie sollten vielleicht ab und zu eine *Familienkonferenz* stattfinden lassen.

Familien-konferenz

Unsere
Lage
Risikofaktoren
Probleme
Chancen

Unsere
langfristigen Ziele
Ziele für dieses Jahr

Zeitetat:
Budget:

Gemeinsame Aktionen:

Regeln für
den Umgang
miteinander:

© Günter F. Gross

Prävention im Privatleben

Die Prävention gehört zu den größten strategischen Leistungen. Sie ist eine Form des Agierens. Sie verhindert, dass Sie unter Zwang geraten und reagieren müssen. Auch für die Ehe ist die Prävention eine der wichtigsten strategischen Aufgaben. Je später Sie handeln, umso mehr geraten Sie in Zwänge und unter Druck. Im privaten Bereich ist es manchmal später, als es Weltmeister im Selbstbetrug glauben. Sie denken immer noch, dass im Grunde alles völlig in Ordnung ist. Sie merken nicht, dass die Desillusionierung des Partners längst in Lähmung übergegangen ist und dass nur deshalb vergleichsweise Ruhe herrscht.

Die Heirat ist der Verkauf und damit die Abgabe von Versprechungen. Die Ehe ist die Realisierung dieser Versprechungen. Sie hat den Charakter des Kundendienstes. In der glücklichen Ehe beginnt die Werbephase *nach* der Heirat.

Eine erfolgreiche Ehe ohne den gemeinsamen Besitz von Grundüberzeugungen, übereinstimmenden Zielen und Strategievorstellungen ist schwer möglich.

Die Ehe ist nicht nur eine arbeitsteilige Organisation. Sie ist vor allem die Schicksalsgemeinschaft, eine Sicherheitsallianz und eine Genusspartnerschaft auf Gegenseitigkeit. Das Fundament der Ehe ist das Glücksgefühl über die Existenz und die besondere Beschaffenheit des Partners.

Beruflicher Erfolg – privater Erfolg?

Mancher berufliche Profi geht davon aus, dass er mit seinem beeindruckenden beruflichen Erfolg auch automatisch den privaten Erfolg einkaufen kann. Dies muss keineswegs so sein. Es gibt genügend Anschauungsmaterial zum Thema *»Beruflich vermögend, privat verarmt!«*.

Berufliche Leistungen

Beruflicher Erfolg

Position	Zuneigung
Einfluss	Einkommen
Ansehen	Vermögen

Anerkennung

Privater Erfolg

Private Leistungen

_____

_____

© Günter F. Gross

Der berufliche Erfolg, der sich mit solchen Attributen darstellt wie Positionshöhe, Einfluss, Anerkennung und Einkommen, ist eine Währung, die in der Ehe nicht unbedingt als Zahlungsmittel angenommen wird.

Fraglos sind die Attribute des beruflichen Erfolges etwas, das auch den privaten Partner beeindruckt. Natürlich schätzt er alle diese Machtmittel, Orden und Ehrenzeichen. Er ist auch stolz auf seinen Partner.

Alle diese Elemente sind aber Ergebnisse aus dem Zusammenspiel des Partners mit Fremden. Alles dies hat er erreicht in seiner Verbindung und Verknüpfung mit Personen, die nicht zu seiner Familie gehören. Es wird hier etwas geschätzt, das von den Ursachen her begründet ist auf einem anderen Spielfeld. Es ist der Erfolg aus der Ferne.

Für die Ehe aber ist der Erfolg in der Nähe von Bedeutung. Dieser ergibt sich nur aus den Handlungen im privaten Bereich. Den echten Erfolg im Privatleben erzielen Sie nur mit den Leistungen, die im Privaten für das Private kommen.

Was Sie für andere tun, was andere für Sie tun, wie andere Sie sehen und einschätzen, ist für Ihren Ehepartner nicht das Entscheidende. Für Ihren Ehepartner zählen die direkte Zuneigung und Zuwendung. Für Ihren Ehepartner ist letztendlich nicht das Podest entscheidend, auf dem Sie stehen, sondern nur die Nähe oder Entfernung zu Ihnen als Partner.

Voraussetzungen für den privaten Erfolg

Der beruflich Erfolgreiche verfügt über viele Voraussetzungen für den privaten Erfolg. Er ist professionell, kreativ, vital, selbstbewusst, offensiv und fröhlich. Zu Kunden ist er darüber hinaus mehr als charmant.

„Ehemarketing"

Der Ehepartner ist

der wichtigste Kunde

- Werbeplan
- Stufenplan
  „Besondere Bemühungen"
- Gewinnplanung
  – Fröhlichkeit
  – Geborgenheit
  – Innere Ruhe

Action

© Günter F. Gross

Was ihm für sein und in seinem Privatleben fehlen, sind Zeit, Kraft, Begeisterung und Entschlossenheit. Er liebt seinen Beruf. Dieser Beruf ist sein Hobby. Dorthin geht seine Kraft.

Zu Hause angekommen, ist von seiner Vitalität nicht mehr viel übrig. Das Heim wird für ihn zum Erholungsheim. Der beruflich Beeindruckende verwandelt sich direkt hinter der Tür. Er wird zum Heiminsassen. Seine Kreativität hat Pause. Sie zieht sich zur Erholung zurück. Aus der Sicht des beruflich Strapazierten ist das so auch richtig. Wie sollte es auch anders sein. Zu Hause sind Wachheit, Vitalität, Umsicht und Vorsicht glücklicherweise nicht erforderlich. Zu Hause lebt nämlich das einzige Lebewesen der Welt, das ihm wirklich wohlwill.

Zu Hause kann er sich gehen lassen. Hier braucht er nicht jedes Wort auf die Goldwaage zu legen. Hier kann er die Grundgesetze der Ästhetik vergessen. Hier kann er seine auf Beeindruckung anderer ausgerichtete Kleidung von sich schleudern und sich seinen alten textilen Kameraden zuwenden.

Hier kann er sich frei machen von allen Einschränkungen, Hemmungen und Vorsichtsmaßnahmen. Hier ist der Ort, an dem die Liebe zu Hause ist. Hier braucht er keine Selbstdisziplin. Denkste!

Leider existiert das Ehe-Paradox. Es lautet: »Die Ehe ist die einzige Partnerschaft, in der Sie völlig gefahrlos unvorsichtig sein können. Unter der Voraussetzung, dass Sie gerade hier extrem vorsichtig sind. Denn nur dann bleiben Liebe, Zuneigung und Wohlwollen erhalten!«

Wie behandeln Sie wen?

Diese Frage können Sie leicht beantworten. Sie brauchen nur Ihr Telefonverhalten zu studieren. Könnte es sein, dass Sie einen fremden Anrufer anders behandeln als Ihren Ehepartner oder Ihre Kinder, wenn diese anrufen? Gilt vielleicht die Verhaltensregel: »Je fremder, je besser?«

Der beruflich Erfolgreiche

professionell
kreativ
vital
selbstbewusst
offensiv
fröhlich
charmant

also viele Voraussetzungen für den privaten Erfolg!!!

„Nur" noch nötig:

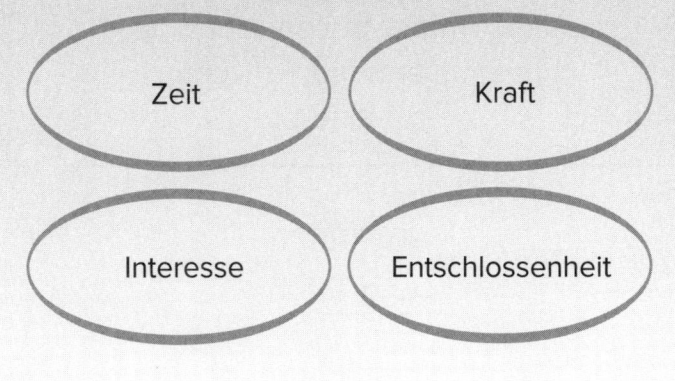

- Zeit
- Kraft
- Interesse
- Entschlossenheit

© Günter F. Gross

Das Ehe-Paradox

Die einzige Partnerschaft,
in der Sie gefahrlos

- unvorsichtig sein können
- sich gehen lassen können

unter der Voraussetzung,
dass Sie gerade hier

immer besonders behutsam und vorsichtig sind

in Worten
und Taten

© Günter F. Gross

Könnte es sein, dass Sie Kunden und anderen beruflichen Partnern gegenüber gelöster, gelassener und liebenswürdiger auftreten als Ihren Angehörigen gegenüber?

Sind Sie bei Ihren beruflichen Partnern vielleicht behutsamer, bedachtsamer, bemühter und aufmerksamer?

Sollte es so sein, welche Absurdität! Es kann nur bedeuten, dass Sie die anderen für wichtiger halten als Ihren Ehepartner und Ihre Kinder. Diese Zuordnung einer höheren Wichtigkeit lässt sich wiederum nur damit erklären, dass die anderen Sie mehr gefährden oder Ihnen weniger bieten, wenn Sie nicht besonders bemüht und beflissen auftreten.

Bezogen auf Ihren Ehepartner wäre die Schlussfolgerung dann die, dass das Verhalten Ihres Ehepartners völlig unbeeinflussbar ist von Ihrem Verhalten ihm gegenüber. Der Unsinn einer solchen Schlussfolgerung liegt auf der Hand.

Wer die höchste Form liebenswürdiger und liebevoller Zuwendung zu erhalten hat, sind Ihr Ehepartner und Ihre Kinder. Diese brauchen Geduld und heitere Gelassenheit. Was Ihnen an Machtmöglichkeiten zur Verfügung steht, um anderen Zuneigung, Herzlichkeit und Takt zu liefern, haben zuerst einmal Ihre Angehörigen zu erhalten.

Ihr Beruf – spannender als Ihr Privatleben?

»Der Beruf ist Strapaze und Fron!« Das mag der beruflich Erfolglose und deshalb Frustrierte so empfinden. Für ihn ist beruflich alles lahm, langweilig und belastend. Für den beruflich Erfolgreichen ist es genau umgekehrt. Er ist der Mittelpunkt in einem modernen Zirkus. Für ihn gibt es täglich »Menschen, Tiere, Sensationen«. Ihm bietet der Beruf so viel an Abenteuer und Abwechslung, dass für ihn privat kein Bedarf an weiteren Erlebnissen besteht.

Für den beruflich Erfolgreichen ist sein Privatleben bereits in Ordnung, wenn *möglichst wenig* passiert. Er ist mit seinem Beruf glücklich verheiratet. Er hat nicht die Absicht, den Bigamisten zu spielen und zu Hause eine weitere Ehe zu führen.

Was er auf der Bühne seines Berufes erlebt, könnte er privat nur mit größtem finanziellem Aufwand und besten Verbindungen erreichen. Sein Privatleben verkümmert nicht wegen der Belastung im Beruf, sondern gerade deshalb, weil es in seinem Beruf so interessant und befriedigend zugeht.

Wenn er mehr Zeit für das hätte, was er beruflich noch alles machen könnte, dann wäre die Welt wirklich in Ordnung. Gott sei Dank, hat das Privatleben einen großen Vorteil. Wenn einmal zusätzliche Zeit für das Berufsleben gebraucht wird, dann gibt es im Privatleben noch einiges an zeitlichen Reserven, die eingesetzt werden können.

Die Folgen einer solchen Denkweise können lange verborgen bleiben, denn die Erosion im Privaten geht nur langsam voran. Irgendwann kommt sie dann doch, die Stunde der Wahrheit. Die Lösung heißt deshalb:

»Früher aufwachen!«

Wer ist am Apparat?

Ein Kunde:
„Für Sie habe ich immer Zeit. So viel Sie wollen!"
liebenswürdig, gelöst, heiter

Ein Familienmitglied:
„Jetzt störst du mich auch noch. Was ist denn nun wieder los?"
ungeduldig, gehetzt, unfreundlich

_____

_____

_____

© Günter F. Gross

Je fremder – je besser:

1. behutsam
2. bedachtsam
3. bemüht
4. aufmerksam
5. ideenreich
6. liebenswürdig
7. vital

absurd !!!

© Günter F. Gross

Wie sind Sie zu Hause?

Vielen beruflich Erfolgreichen fehlen für das Privatleben neben der Zeit die psychische Energie und die physische Kraft. Viele sind ständig angespannt. Gelöst sind sie nur selten. In ihrem Kopf treibt eine fremde Besatzungsmacht ihr Unwesen. Ein Thema oder eine Reihe von Themen zieht kraftplündernd durch das Gehirn.

Belastet treffen sie zu Hause ein, ohne anschließend da zu sein. Der Körper ist anwesend, der Kopf ist noch im Büro. Zu Hause führen sie ein Zombie-Dasein: »Wie hat dir das Essen geschmeckt?« – »Wieso, habe ich schon gegessen?«

Sie sind frei in ihren körperlichen Bewegungen. Sie sind nicht frei in ihren Gedanken. Hier sind sie ständig besetzt und unter Druck. Jeden Tag passiert ihnen etwas Unvorhergesehenes. Niemals sind sie allein, mit sich und ihren Gedanken zusammen. Sie sind ständig in einem Abhängigkeitsgeflecht. Eine professionelle Kooperation, wie sie sie für nötig halten, erzwingt von ihnen, auf die Interessen vieler anderer Rücksicht zu nehmen.

Alles das macht es für sie so schwer, privat wirklich da und existent zu sein.

Einer der Gründe dafür ist vielleicht, dass sie zu überstürzt zu Hause auftauchen. Verständlich ist das. Bei der wenigen Zeit, die sie für ihr Privatleben haben, möchten sie jede verbleibende Minute dafür nutzen.

Vielleicht wäre es besser, sie würden sich ihrem Zuhause erst nähern, nachdem sie eine kurze Pause eingelegt haben. Sicher ist es falsch, nach einer besonderen beruflichen Anstrengung unmittelbar zu Hause aufzutauchen. Die Existenz der »Caissonkrankheit« sollte zu denken geben. Sie wissen, diese Krankheit tritt dann auf, wenn man nach »Arbeit unter Druck« zu schnell auftaucht.

Legen Sie nach jeder beruflichen Anstrengung eine Quarantänezeit ein. Lassen Sie das Ganze ausklingen. Hetzen Sie nicht nach Hause. Kommen Sie zu Hause lieber gelöst und gelassen an.

Erscheinen Sie nicht in einem Zustand, der es nötig macht, sich erst zu Hause von allem befreien zu müssen, was sich in Ihrem Kopf angesammelt hat. Sie sollten zu Hause nicht vollgepackt erscheinen, sondern befreit und aufnahmefähig. *Kommen Sie als Geleerter.*

Welche Rolle spielen Sie zu Hause? Ist Ihr Zuhause eine Einpersonenbühne, auf der Sie als Alleinunterhalter tätig werden? Oder ist es das Gegenteil – ein Trainingscamp für die Trappistenprüfung?

Ist es ein Altkleider-Laufsteg, auf dem Sie eine Modenschau mit der Garderobe der letzten Jahrzehnte veranstalten?

Ist Ihr Beruf die große Charme-Arena und Ihr Zuhause das berühmte Nörgelheim an der Mecker?

Was ist Ihr Zuhause? Wie ist es positioniert? Welche Rolle spielen Sie? Womit werden Sie tätig, mit einem großen oder einem kleinen Repertoire? Ist es die große Vielseitigkeit, das Jonglieren mit zwölf Bällen? Oder ist es die beeindruckende Einseitigkeit, das Hin- und Herschieben der ständig gleichen Kugel?

Angst nehmen, Fröhlichkeit liefern!

Wenn Sie die zentralen Ziele für Ihre Ehe erkannt haben, wird es für Sie relativ leicht, die richtigen Maßnahmen zu treffen und sich sinnvoll zu verhalten.

Welches aber sind die Ziele für eine Ehe? Jeder wird seine eigenen haben. Sehr groß ist das Sortiment der wirklich grundlegenden Ziele jedoch nicht. In der Rangfolge der Ziele für die Ehe steht die Zärtlichkeit an der Spitze.

Dann kommen zwei andere Hauptziele: *Dem Partner die Angst nehmen und die Fröhlichkeit erhalten.*

Das ist leicht gesagt. Wenn Sie und Ihr Ehepartner, einer für den anderen, diese beiden Ziele erreichen, haben Sie etwas Faszinierendes und absolut Außergewöhnliches zustande gebracht.»Angst

Ist Ihr Mann schon zu Hause?

Ja, zum Teil!

Sein Körper ist gerade angekommen.

Sein Kopf ist noch im Büro.

Ich rechne damit, dass er in einer halben Stunde nachkommt.

© Günter F. Gross

Caissonkrankheit

=

Zu schnelles Auftauchen
nach Arbeit unter Druck

Ausklingen lassen!
Nicht nach Hause hetzen!

In Berlin unbekannte Krankheit:

Da an jeder Ecke eine
„Dekompressions-Station"

© Günter F. Gross

„Wie hat dir das Essen geschmeckt?"

„Wieso, habe ich schon gegessen?"

Zombie

Der Mann mit dem autonomen Gebiss

© Günter F. Gross

Mein Zuhause?

Einpersonenbühne

Altkleider-
Laufsteg

Zeitungskonsum-
station

Nörgelheim
a. d. Mecker

© Günter F. Gross

nehmen«, was erreichen Sie damit? Ihr Partner fühlt sich sicher. Er schwebt nicht in Unruhe. Er hat das Empfinden, beschützt zu sein. Er vertraut auf Ihre Integrität, Kraft und Stärke. Unter seinen Füßen gibt der Boden nicht nach. Er vermittelt das Gefühl eines festen Fundaments.

»Fröhlichkeit erhalten«, das ist nicht nur die Lieferung von Heiterkeit. Es ist die Lieferung von Lebensluxus.

Fröhlichkeit lässt den anderen aus sich herausgehen. Er fühlt sich nicht eingekesselt oder angekettet. Er ist nicht eingeengt. Sie schenken ihm das Glücksgefühl der Ausgelassenheit.

Ausgelassenheit ist »Freiheit de Luxe«

Lassen Sie uns noch einmal auf das Ziel zurückkommen: »Angst nehmen«. Sie erinnern sich, »Furchtlosigkeit« ist der zentrale Baustein für die Basis der Lebensqualität. Viele registrieren das nicht aufmerksam genug.

Sie handeln fahrlässig. Anstatt ihrem Partner auf jede nur mögliche Weise ein Gefühl der Sicherheit und Geborgenheit zu geben, sind sie permanent als Kurier mit Tatarenmeldungen unterwegs.

Sie haben ein großes Repertoire von Unruhe-, Furcht- und Angstauslösern. Sie benutzen ihre Ehe als Schuttabladeplatz für Befürchtungskataloge.

Sie überschütten ihren Ehepartner mit Beängstigendem und begraben ihn darunter. Mit bedrücktem Gesicht reden sie so lange, bis sie alles losgeworden sind.

Dann verändern sich auf einmal ihre Züge. Eine gewisse Heiterkeit überfällt sie. Ohne Gepäck ziehen sie, erleichtert pfeifend, davon. Zurück lassen sie ihren Ehepartner, begraben unter den Trümmern des Negativen.

Motivieren Sie Ihren Ehepartner

Im Beruflichen wird so viel über »Motivierung« gesprochen, dass man es fast nicht mehr ertragen kann. Für den privaten Bereich hingegen scheint die Aufgabenstellung der »Motivierung« überhaupt nicht zu existieren. Hier besteht ein wirklicher Nachholbedarf. Wenn jemand Motivierung benötigt, dann ist es Ihr Ehepartner.

Sein Selbstbewusstsein ist zu erhalten und zu stärken. Degradieren Sie Ihren Ehepartner *niemals*. Helfen Sie ihm dabei, seine Begabungen und Kräfte zu entwickeln. Zeigen Sie Ihren Enthusiasmus und Ihre Freude über das, was er leistet und leisten kann.

Loben Sie Ihren Ehepartner. Zeichnen Sie Ihren Ehepartner aus. Bewundern Sie ihn erkennbar. Stellen Sie ihn auf ein Podest.

Lassen Sie ihn die Mischung aus Freude, Zuneigung und Bewunderung erkennen, die Sie für ihn empfinden, wenn er sich bewegt, etwas äußert und etwas tut.

Sichern Sie nicht nur sich selbst die geistig anspruchsvollen und interessanten Tätigkeiten. Kämpfen Sie darum, dass auch Ihr Ehepartner Aufgaben hat, die genauso faszinierend, abwechslungsreich und geistig anspruchsvoll sind wie Ihre eigenen. Das wird sicher nicht leicht sein. Hierfür brauchen Sie Ideen.

Ehe-Ziele

Dem Partner
- die Angst nehmen
- die Fröhlichkeit erhalten

Die höchste
erzielbare Rendite:

„Ausgelassenheit"

= kindlich
= unversehrt
= sicher

© Günter F. Gross

Furchtlosigkeit – die Basis der Lebensqualität

Liste der

Unruhe- ⎫
Furcht- ⎬ Auslöser
Angst- ⎭

Negative Fantasie?
Kurier für Tatarenmeldungen?

Partner A   **Partner B**

Angst ⟶ Depression

Die Ehe ist kein
Abladeplatz für
Befürchtungskataloge

© Günter F. Gross

Partner oder Laufbote?

Degradieren Sie Ihren Partner nicht. Regeln für den Umgang mit anderen sind im Beruf wichtig, im Privatleben sind sie lebenswichtig. Machen Sie Ihren Ehepartner nicht zur Hilfskraft oder zum Laufboten.

Sichern Sie ihm seinen Freiheitsraum. Lassen Sie ihn in Ruhe. Sitzen Sie ihm nicht ständig im Genick. Die eine Seite der Münze ist die Zuwendung. Die andere, genauso wichtige Seite ist der »respektvolle« Abstand. Spielen Sie sich nicht zum Erzieher Ihres Ehepartners auf. Liebenswürdigkeit und Manieren gegenüber Ihrem Ehepartner halten diesen schön.

Regeln für den Umgang mit dem beruflich besonders belasteten Ehepartner

Wenn Ihr Partner im Berufsleben extrem belastet ist, wird er für das Privatleben nicht leistungsfähiger, indem Sie ihn ständig mit Forderungen, Ermahnungen und Kritiken bombardieren.

Die einzige Möglichkeit, Ihren Ehepartner für ein besseres Privatleben zu gewinnen, besteht darin, auf ständige Forderungen zu verzichten, es ihm aber so bequem und genussvoll wie möglich zu machen, in das Privatleben einzusteigen.

Er hat weder die Zeit noch die Kraft, für die Organisation des Privatlebens in jeder Einzelheit zuständig zu sein.

Wenn *Sie* also etwas mehr Zeit haben, sollten Sie die abwechslungsreiche Gestaltung des Privatlebens mit Kreativität und Organisationsvermögen selbst in die Hand nehmen.

Es muss für den beruflich besonders Angespannten möglich werden, sich ohne große organisatorische und sonstige Vorleistungen einfach in das Privatleben einzufädeln.

Selbstbewusstsein

- erhalten
- stärken

nicht degradieren

Begabungen und Kräfte
- entwickeln
- nutzen lassen

Kein Fürsorge-Terror

© Günter F. Gross

Die Kunst des kreativen Lobens

- indirekt
  nonverbal
- überraschend

Ideenreichtum

für die Demonstration von

- Zuneigung
- Bewunderung

© Günter F. Gross

Anspruchsvolle Arbeit

der Weg
zur Selbstverwirklichung

Ich

möchte mich auch
verwirklichen können!!!

> Das verstehe
> ich sehr gut!
> Gehe doch
> in den Garten
> und mähe den Rasen!

_____

_____

_____

© Günter F. Gross

Vertrauen zum Partner

„Findest du es richtig,

dass du einfach verschwindest,
während ich hier arbeite?"

„Ja, ich habe volles Vertrauen zu dir

und weiß, dass du auch dann
fleißig weiterarbeitest,
wenn ich nicht aufpasse!"

© Günter F. Gross

Laufbursche oder Partner?

Mach mal!
Tu mal!
Hol mal!
Bring mal!

Mach doch mal selber!

Wo bist du?
Was machst du?
Wann kommst du?

Den anderen
„in Ruhe"
„in Frieden"
lassen

© Günter F. Gross

Liebenswürdiger, höflicher Partner oder größenwahnsinniger Erzieher?

„Sei jetzt bitte einmal
30 Minuten ganz still
und höre uns zu.
Nur so haben wir etwas
von unserem Gespräch
und du lernst
auch etwas!"

Konsequenz:
Vom Zaungast
zum Heckenschützen

© Günter F. Gross

Wenn er sagt: »Morgen werde ich völlig für unser Privatleben zur Verfügung stehen«, freuen Sie sich darüber. Wenn er dann am nächsten Morgen noch einen beruflichen Anruf zu erledigen hat, geben Sie keine bissigen Kommentare ab. Ermöglichen Sie es ihm, mit diesem Anruf den Kopf freizubekommen.

Es kann natürlich sein, dass das Gegenteil eintritt. Gehen Sie trotzdem das Risiko ein. Versuchen Sie nicht, ihm jede Art der beruflichen Tätigkeit zu verbieten. Seien Sie großzügig und kompromissfähig.

Sagen Sie nicht: »So habe ich mir den ›total privaten‹ Tag gedacht. Wir hatten fest vereinbart, dass du heute nur für die Familie da bist. Jetzt fängt das Telefonieren schon wieder an. Für mich ist der Tag gelaufen. Kehre zu deinem geliebten Beruf zurück. Aus meiner Sicht brauchen wir heute nichts mehr zu unternehmen!«

Diese Art von Rigorosität ist erbarmungslos. Sie bringt nichts. Je weniger Sie Ihren Partner unter Druck setzen, umso schneller gewinnt er Kraft. Ihr liebevolles Verständnis und Ihre Großzügigkeit machen ihn fähig, das zu tun, was Sie möchten.

Erbarmungsloses Fordern bringt nichts. Liefern Sie stattdessen eine Unterstützung für seinen Befreiungskampf. Je mehr Hilfe Sie hier geben, umso mehr bekommen Sie an fröhlicher Präsenz zurück. Sie bekommen die Entspanntheit und Gelöstheit zurück, die Sie selbst liefern.

Wenn er Ihnen gegenüber seine Themen behandeln kann, wird sein Kopf frei und die Chance, zu den gemeinsamen Themen zu kommen, wird größer.

Helfen Sie Ihrem Ehepartner dabei, seine Dauerthemen mit Entscheidungen aus der Welt zu schaffen. Ob er eine Entscheidung fällen kann, hängt auch davon ab, wie Sie auf die neue, durch die Entscheidung ausgelöste Lage mutmaßlich reagieren werden. Dies können Sie ihm vorher mitteilen, sodass er sich weniger Zukunftssorgen machen muss.

Versuchen Sie nicht, Ihren Partner zu verletzen. Sie zerstören damit immer mehr von ihm. Denken Sie mehr darüber nach, wie Sie ihn intakt halten können. Sie erhalten ihn dann in einer bestimmten »Ausstattung« auch für sich.

Degradieren Sie Ihren Partner nicht. Zerstören Sie nicht mutwillig seine Leistungsfähigkeit. Erhalten Sie ihm seine Fröhlichkeit.

Sie selbst sind für die Gestaltung Ihres Lebens da. Es ist nicht die Pflicht und Aufgabe Ihres Partners, alles so zu gestalten, wie Sie es sich wünschen. Wenn er das schafft, ist es wunderbar.

Es ist sicher nicht er, der Ihren »Rechtsanspruch auf Glück« zu erfüllen hat. Sie bekommen nicht das, was Sie fordern, sondern das, was Sie geben. Je entschlossener Sie selbst Ihr Leben gestalten, immer ausgehend von der Zielsetzung einer gemeinsamen Existenz, umso mehr werden Sie bekommen.

Was Sie an Ideen und Vorbereitung für gemeinsame Aktionen liefern, bekommen Sie an enthusiastischer Mitwirkung zurück.

Erhalten Sie Ihrem Partner die psychische Energie und die Stimmung.

Planen Sie privat genauso langfristig, wie Ihr Partner im Berufsleben plant. Am besten ist, Sie planen noch langfristiger, dann kommen Sie eher an freie Termine. Tragen Sie gemeinsam in seinem Terminkalender Ihre privaten Termine ein.

Seien Sie nicht enttäuscht, wenn ein Termin dann für das Berufliche verwendet wird. Das Privatleben ist tatsächlich die einzige zeitliche Reserve, um mit plötzlichen beruflichen Anforderungen fertig zu werden. Hier aus dem Privatleben für eine berufliche Überlastung Zeit freizubekommen gibt Ihrem Partner ein enormes Gefühl der Befreitheit. Sie fahren vielleicht einen oder zwei Tage später mit Ihrem Ehepartner in den Urlaub, aber es ist ein anderer Mensch, mit dem Sie dann zusammen sind. Er ist von Belastungen befreit. Er ist gelassen und gelöst und natürlich auch einige Jahre jünger.

Helfen Sie Ihrem Ehepartner beim Ausbruch aus dem Kessel. Unterstützen Sie ihn dabei, sich von bestimmten Fronten zu lösen. Das können bestimmte Themen sein, Positionen und Kooperationen.

Die Lösung von einer Front erfordert eine zeitliche Investition. Die Umformierung der Kräfte kostet Kraft und Zeit.

Sie haben keinen Rechtsanspruch auf die Gestaltung Ihres Lebens durch Ihren Ehepartner. Für die Gestaltung Ihres Lebens brauchen Sie finanzielle Mittel. Es ist heute schwer genug, allein diese finanziellen Mittel zu beschaffen.

Ihr Ehepartner braucht eine Kraftausstattung für das Privatleben. Es ist die Aufgabe des einen für den anderen, ihm diese Kraftausstattung zu geben.

Wenn Ihre zentrale Position das Privatleben ist, dann sind Sie mit für die »Recreation« und die »Reanimation« Ihres Partners zuständig.

Wenn Sie beide berufstätig sind, dann hat jeder für den anderen diese Aufgabe. Jeder ist für den anderen Kraft- und Energielieferant.

Keiner von beiden kann in Erwartungshaltung dasitzen, ohne selbst etwas zu liefern. Keiner kann fordern, der andere habe die Gestaltung des gesamten Privatlebens allein in die Hände zu nehmen.

Der beruflich angespannt Arbeitende ist gedanklich ständig mit seinem Beruf verknüpft. Es fällt ihm schwer, sich davon zu lösen.

Es bedarf Ihrer Kunst, Ihren Ehepartner von belastenden Gedanken zu befreien und ihn auf andere Themen zu lenken. Elemente dieser Kunst sind Interesse, Verständnis und Behutsamkeit.

Wenn Sie Ihre eigenen Themen in Form von Beschwerden klagend anbieten, dann haben Ihre Themen keinen verlockenden Charakter.

Mit einem Löffel Essig können Sie keine Arbeitsbiene von ihrer gedanklichen Jagd nach dem Nektar der beruflichen Wiesen wegholen.

Mit einem Löffel Honig sieht das völlig anders aus. Sie müssen Spezialist werden für verschiedene Honigarten, dann wird die Arbeitsbiene rasant auftauchen.

Recht haben?

Die Ehe ist kein Gerichtssaal. Sie ist auch keine Klippschule. In der Ehe geht es nicht um die Frage: *Wer hat recht?*

Die Ehe ist da für die Demonstration von Zuneigung. Sie hat den Schutz des Partners im Blickfeld. Bei Entscheidungen und Aktionen geht es um Sinnhaftigkeit und nicht um die staatsanwaltliche Bewertung von »Recht« oder »Unrecht«.

Die Veranstaltung einer Siegesparade, begleitet von der Marschmelodie: »Seht hier den Sieger und höret die Beweise. Ich hatte recht!«, ist eine Mischung von Dummheit und Komik: »Du musst doch zugeben, dass ich recht hatte. Ich glaube, ich habe dir hiermit bewiesen, dass du unrecht hast. Gib endlich zu, dass ich recht habe und du unrecht hast. Warum willst du nicht zugeben, dass ich recht habe!«

Sie haben die Wahl: »Recht haben oder Spaß haben. Recht bekommen oder Zuneigung erhalten!«

Lappalien

Zu einem erfolgreichen gemeinsamen Leben gehört Gelassenheit. Diese werden Sie nur dann gewinnen, wenn Sie die Fähigkeit entwickeln, sich nicht über jede Lappalie zu erregen.

Hinzukommen muss jedoch eine andere Fähigkeit, nämlich die Entschlossenheit, wirklich Unerträgliches nicht jahrelang hinzunehmen, sondern entschlossen und schnell zu ändern.

Es besteht ein großer Unterschied zwischen Gelassenheit und Lahmheit.

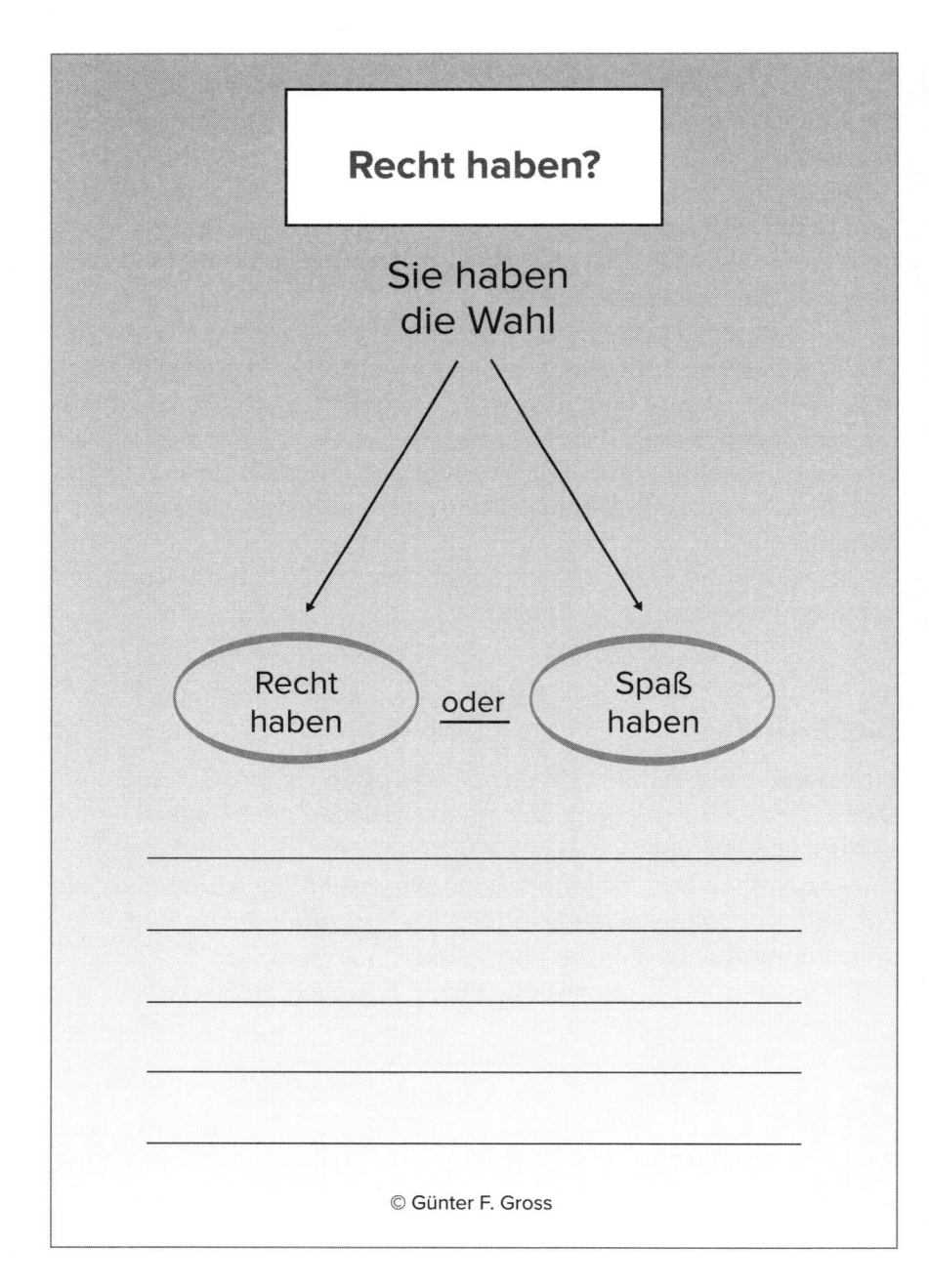

Recht haben?

Sie haben die Wahl

Recht haben oder Spaß haben

_____

_____

_____

_____

_____

© Günter F. Gross

Ehe-Fähigkeiten

Unfähigkeit

sich über Lappalien zu erregen

Fähigkeit

Unerträgliches selber entschlossen und schnell zu ändern

© Günter F. Gross

Großzügigkeit und Zuneigung

Natürlich verhält sich der andere nicht so, wie Sie es gern hätten. Natürlich können Sie ihm nicht alles ausreden, was Sie als unsinnig und vielleicht gefährlich ansehen. Er macht es trotzdem. Er hat seinen eigenen Kopf. Hätte er sich so verhalten, wie Sie es ihm geraten haben, dann wäre alles besser gelaufen. Die Katastrophe wäre nicht passiert.

Nun steht er vor Ihnen mit dem Resultat seines Wahnsinns. Jetzt kommt er an. Und jetzt werden Sie ihm den entsprechenden Kommentar geben. Jetzt können Sie ihm erklären, wie Sie ihn gewarnt und alles im Voraus gewusst hätten.

Warum wollen Sie ihm das alles erklären? Was bringt es? Müssen Sie ihm wirklich eine kalte Dusche verpassen? Müssen Sie ihm die Übersicht seines unsinnigen Verhaltens in einer detaillierten Checkliste liefern?

Mitgefühl sollten Sie nicht nur dann liefern, wenn Ihr Ehepartner ohne eigenes Verschulden in eine unangenehme Lage geraten ist.

Mitgefühl sollten Sie ihm auch dann geben, wenn er sich selbst in diese Lage gebracht hat. Gerade in einer solchen Situation braucht Ihr Partner keine kalte Belehrung, sondern Mitgefühl und Aufrichtung.

Die Sprache Ihrer Ehe

Die Sprache Ihrer Ehe enthüllt deren Zustand. Es gibt eine kalte, nüchterne Sprache und eine zärtliche und liebevolle. Es gibt eine vorwurfsvolle Sprache und eine behutsame. Es gibt Begriffe der Routine und Normalität und Begriffe der Außergewöhnlichkeit.

Jedes Wort, das Sie verwenden, beeinflusst die Stimmung Ihres Partners. Ihre Sprache bringt Ihren Partner in eine fröhliche Stimmung, sie macht ihn handlungsfähig oder sie lähmt ihn.

Kalte Dusche

Das hast du dir
selbst zuzuschreiben.

Ich habe da
kein Mitleid.

Das musste ja so kommen.
Die Gründe kann ich dir nennen.

Warmer Regen

Komm erst mal zur Ruhe.

Mach es dir erst mal bequem.

Wir trinken jetzt einen Spontano.

© Günter F. Gross

Neue Sprache – neue Ehe

Entfernen Sie
den Konjunktiv
aus Ihrem Sprachschatz

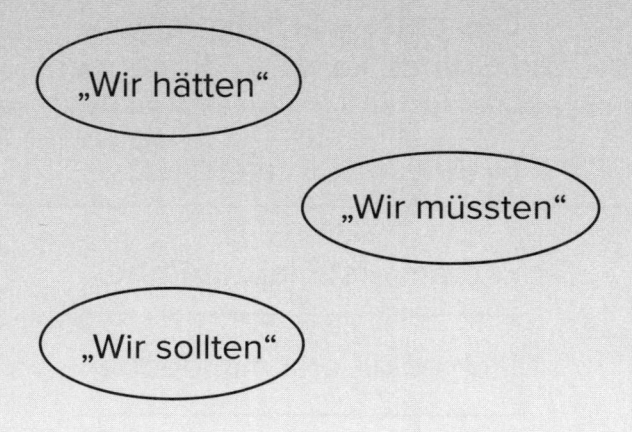

„Wir hätten"

„Wir müssten"

„Wir sollten"

Wir werden!!!

© Günter F. Gross

Für den beruflich Erfolgreichen gilt, dass er mit einer lahmen und lässigen Sprache seine jetzige Position nicht erreicht hätte. Im Beruf verfügen Sie über eine entschlossene Sprache. Halten Sie es privat genauso. Werfen Sie den Konjunktiv aus Ihrem privaten Sprachschatz hinaus: »Du hättest, wir hätten, wir müssten, wir sollten!«

Sagen Sie zukünftig: »Wir werden!« Mit dieser Art von Sprache bringen Sie alles, was für Ihre Ehe wichtig ist, schneller voran.

Informationshygiene

Bedenken Sie, wie vorsichtig und behutsam Sie in Ihrem Berufsleben mit der Weitergabe von Informationen verfahren: »Soll ich mit ihm darüber sprechen? Wann sollte ich ihn darauf ansprechen? Wie sollte ich es ihm am besten nahebringen? Wäre schriftlich vielleicht besser? Bei welcher Gelegenheit sollte ich damit kommen? Wer darf hierüber auf gar keinen Fall etwas erfahren?«

So umsichtig Sie beruflich mit Informationen umgehen, so fahrlässig könnte es im privaten Bereich sein. Immer wieder wirkt hier der falsche Ansatz: »Zu Hause braucht man nicht jedes Wort zu überlegen!« Genau das Gegenteil ist richtig.

Seien Sie privat besonders behutsam mit Informationen. Überlegen Sie sich sehr genau, welche Informationen Sie geben sollten und welche nicht.

Entwickeln Sie Ihren Ehepartner nicht fahrlässig zum Feind Ihres Berufes und der Personen, mit denen Sie zu tun haben.

Sie machen es sich leicht. Sie erzählen, munter oder entrüstet, was Sie bedrückt. Sie werden die vielen negativen Brocken los. Ihr Partner sitzt da, als wäre er von einer Lieferung Koks getroffen.

Er muss sich, wie bereits an anderer Stelle erwähnt, aus der Lieferung der negativen Brocken hervorwühlen.

Bevor er es geschafft hat, sind Sie bereits wieder mit einer neuen Lieferung da.

Dass Ihr Ehepartner dann noch eine Zuneigung zu Ihrem Beruf und Ihren Partnern behalten kann, ist kaum vorstellbar.

Wenn Sie mit Ihren fahrlässigen Informationslieferungen die positive Einstellung Ihres Partners zu Ihrem beruflichen Bereich zerstört haben, werden Sie auch keine Unterstützung mehr für Ihre berufliche Tätigkeit von ihm verlangen können.

Ihre Standardthemen

Es wäre ein Wunder, wenn Sie keine Standardthemen hätten. Vielleicht sprechen Sie seit Monaten nur noch über diese Themen. Welche sind es? Worüber sprechen Sie? Über wen?

Gibt es ein Thema oder eine Person, die bei jedem gemeinsamen privaten Essen dabeisitzt? Haben Sie überhaupt noch die Möglichkeit, mit Ihrem Ehepartner allein zu sprechen, oder mischt sich ständig ein anderer ein, der Ihr Gehirn besetzt hält?

Welche für Ihren Ehepartner wichtigen Themen kommen in Ihren Gesprächen überhaupt nicht vor? Welche Themen kommen zu kurz? Vor welchen Themen fliehen Sie? Für welche Themen gilt, dass Sie praktisch unfähig sind, über sie zu sprechen?

Mit welchen Themen treten Sie an, um damit Ihrem Ehepartner die Möglichkeit zu nehmen, über seine Themen zu sprechen? »Nur nicht mit den eigenen Themen aufhören, sonst bekommt der andere Gelegenheit, Belastungen für mich aufzufahren!«

Nehmen Sie sich Ihre Sätze vor und sehen Sie sich an, welche Güter diese Sätze befördern. Was wird mit Ihren Sätzen transportiert? Müll oder Delikatessen? Befördern Sie Positives oder Negatives? Wie groß ist der Anteil des Positiven und des Negativen an Ihren Gesprächen?

Würden Sie sich in diesen Wochen oder aber grundsätzlich als einen »*Einthemen-Mensch*« bezeichnen? Sehen Sie eine Chance, sich von diesem Thema zu befreien? Es gibt eine Möglichkeit: Entschlusskraft befreit Sie von Dauerthemen!

Entschlusskraft ist ein Erfolgsfaktor von hohen Graden. Entschlusskraft schafft Negatives schnell weg.

Meine Themen – Deine Themen

Fangen Sie bei jedem Gespräch sofort mit Ihren Themen an? Oder geben Sie Ihrem Ehepartner erst einmal die Chance, seine Themen anzuschneiden? Hören Sie ihm geduldig zu? Sind Sie dabei so diszipliniert wie bei einem Gespräch mit einem wichtigen beruflichen Partner? Sind Sie gelassen genug? Liefern Sie Ihrem Ehepartner mit der Art Ihres Zuhörens Kraft, Antrieb und die Fähigkeit, sich gelassen und überzeugend zu artikulieren?

Normal in der Ehe ist es, dass jeder *über sich, sich und sich* redet. Sprengen Sie die Normalität. Verhalten Sie sich außergewöhnlich. Weigern Sie sich, ständig nur über sich selbst und die eigenen Themen zu sprechen.

Bereiten Sie sich auf die Gespräche mit Ihrem Ehepartner einmal genauso intensiv vor, wie Sie das für wichtige berufliche Gespräche tun.

Wieso sollten Sie für Ihre privaten Gespräche nicht auch eine Tagesordnung haben? Wieso sollten Sie hier keinen Fahrplan festlegen? Warum sollten Sie das, was Sie privat einmal intensiv besprechen möchten, nicht schriftlich in Stichworten vorplanen? Was spricht dagegen?

Im Grunde ist alles so einfach. In Ihrem Berufsleben sind Sie für die Kommunikation hervorragend ausgerüstet. Übernehmen Sie endlich auch für die Kommunikation in Ihrem Privatleben einiges von den Methoden und Werkzeugen, die Ihnen im Beruf so vertraut sind.

In Ihrem Beruf arbeiten Sie vielleicht mit PowerPoint. Sie zeigen Bilder. Sie entkomplizieren, begeistern und verblüffen. Warum verwenden Sie Werkzeuge dieser Art nicht auch privat? Ist das wirklich so absurd?

Informationshygiene

Liste Ihrer Standardthemen
Was?
Über wen?

Welche Themen kommen zu kurz?

Anteil an Ihren Gesprächen:
Positives?
Negatives?

Fangen Sie nicht
immer sofort
mit <u>Ihren</u> Themen an.

Entwickeln Sie Ihren
Ehepartner nicht fahrlässig
zum Feind

Ihres Berufes,
Ihrer Partner.

© Günter F. Gross

Einthemen-Mensch

Entschlusskraft

befreit Sie

von

| Dauerthemen |

_____

_____

_____

© Günter F. Gross

Sie planen Ihren Urlaub. Sie wollen Ihrem Ehepartner etwas nahebringen. Werfen Sie einfach ein paar Bilder an die Wand. Sehen Sie sich gemeinsam im Bild an, was Sie zusammen unternehmen und erleben möchten.

Wenn Sie Ihr berufliches Arsenal auch Ihrem Privatleben dienstbar machen, dann springen Sie auf eine andere Ebene des privaten Erfolges.

Rational – Emotional

»Bitte verhalte dich doch rational! Was du sagst und wie du es sagst, ist völlig unlogisch und nur emotional!«

Wieso ist Ihr Ehepartner verpflichtet, sich rational zu verhalten? Wieso hat er sich logisch zu verhalten? Sehen Sie sich Ihre beruflichen Partner an, Ihre Vorgesetzten, Kollegen, Mitarbeiter und Kunden. Denken diese Menschen logisch? Verhalten sie sich rational? Sind sie frei von Emotionen? Es ist glatter Kinderglaube, anzunehmen, dass es im Berufsleben rational zugeht. Nicht umsonst hat der Amerikaner Simon den Nobelpreis für Wirtschaftswissenschaften bekommen. Seine wissenschaftliche Leistung bestand darin, dass er nachweisen konnte: Entscheidungen in der Wirtschaft werden keineswegs nur rational getroffen.

Sie sollten Ihrem Ehepartner nicht zu hart Emotionalität und mangelnde Logik vorwerfen, sondern ihm dabei helfen, ruhig, fröhlich und gelassen zu werden. Dann erst kann er eine andere Sicht der Dinge gewinnen und wird sich auch anders verhalten.

Sie brauchen nicht sofort etwas zu unternehmen, wenn Ihr Ehepartner erklärt, dass er eine bestimmte Lage keine Minute länger ertragen könne. Es reicht aus, wenn Sie ihm Mitgefühl für seine emotionale Situation zeigen.

Wenn Ihr Ehepartner emotional agiert, ist es dilettantisch, wenn Sie ihm mit rationalen Beweismitteln kommen, um ihm damit zu einer nüchternen Einschätzung der Lage zu verhelfen.

Kommunikation in der Ehe

Normal

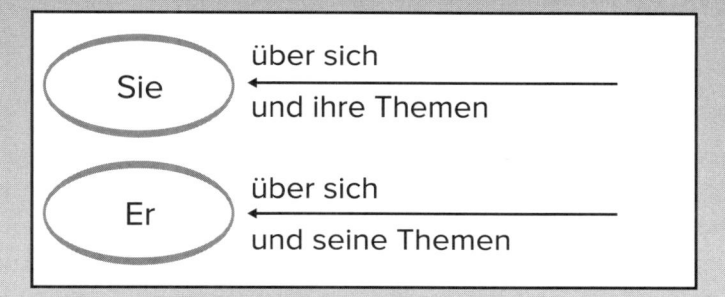

- Sie ← über sich und ihre Themen
- Er ← über sich und seine Themen

Außergewöhnlich

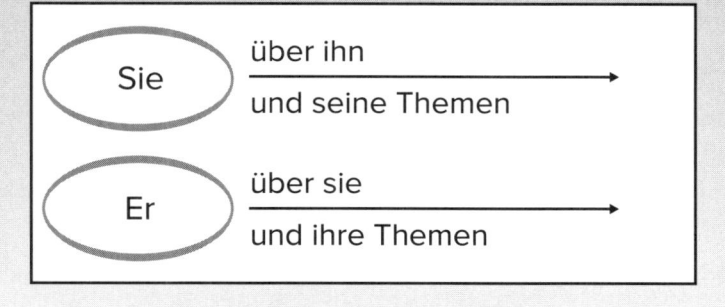

- Sie → über ihn und seine Themen
- Er → über sie und ihre Themen

© Günter F. Gross

Nüchternheit ist das Allerletzte, was er jetzt gebrauchen kann. In der jetzigen Situation braucht er Wärme und Mitgefühl und keine Aufzählung von Fakten.

Die Beantwortung der Emotionalität des Partners mit einer nüchternen Aufzählung von Tatsachen hat etwas Barbarisches und eignet sich in ihrer Groteskheit für eine Clownsnummer.

Spezielles – Grundsätzliches

Ihr Ehepartner erregt sich über eine spezielle Situation. Ihn stört ein bestimmter Faktor. Er kommt mit einer Arbeit nicht voran. Anstatt auf diesen einen Faktor einzugehen, geben Sie eine große grundsätzliche Erklärung ab.

Es ist eine unerträgliche Gesprächsführung, wenn ein Partner auf seine *spezielle* Aussage vom anderen ständig *grundsätzliche* Mitteilungen erhält.

Wie gut ist Ihr Gedächtnis?

Bleiben Sie erträglich. Töten Sie Ihrem Ehepartner nicht den Nerv. Mit zunehmendem Alter wird das Langzeitgedächtnis besser und das Kurzzeitgedächtnis schlechter. Man erinnert sich an jede alte Geschichte, nur nicht daran, dass man sie gerade erzählt hat.

Dann passiert es immer wieder: Ein bestimmtes Stichwort – eine bestimmte Story! Auf das Stichwort hin trennen sich die Sprechwerkzeuge vom Gehirn und werden autonom tätig. Alle neuen Partner jubeln über die Story. Nur der Ehepartner steht dabei und sieht aus, als hätte ihn ein Schicksalsschlag getroffen. Er kann es nicht mehr ertragen.

Er hat diese Story mehr als hundertmal gehört. Schrecken und Depression erfassen ihn, wenn das Stichwort fällt.

CHANCEN FÜR EINE GLÜCKLICHE EHE

Kommunikation in der Ehe

„Ich bekomme den Nagel nicht in die Wand!"

„Siehst du,
ich habe dir immer gesagt,
wir hätten nicht
nach Stuttfurt
ziehen dürfen!"

Auf verschiedenen Ebenen aneinander vorbei:

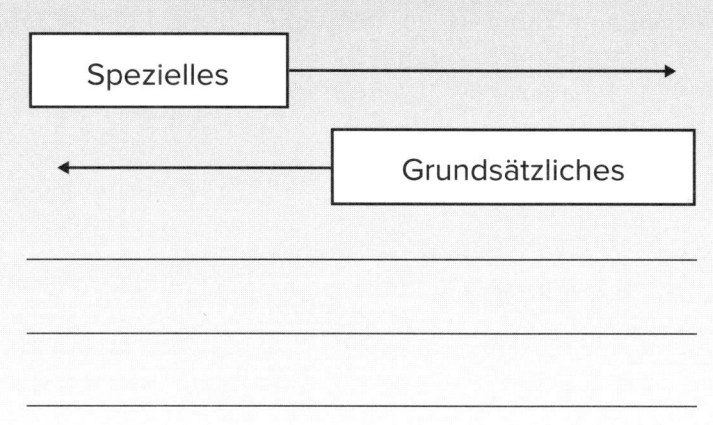

Spezielles ⟶

⟵ Grundsätzliches

_____

_____

_____

© Günter F. Gross

Bei seinem Ehepartner ist es umgekehrt. Kommt das Stichwort, dann verwandeln sich seine Gesichtszüge. Vitalität und eine Strahlung von innen ergreifen ihn. Er ist nicht mehr zu bremsen: »Habe ich Ihnen eigentlich einmal die folgende Geschichte erzählt?« »Ja, aber erst vor Kurzem!«

Wenn also in der Zukunft das entsprechende Stichwort kommt und Sie dann der Zwang packt, diese Geschichte zu erzählen, lassen Sie es sein.

Wir wissen zwar alle, dass der Widerstand gegen den Erzählzwang zwecklos ist. Versuchen Sie es trotzdem!

Was kann Ihr Ehepartner nicht mehr hören?

Die meisten Ehepartner sind großzügig. Mit einer Engelsgeduld hören sie sich immer wieder die gleichen Tiraden an. Machen Sie zukünftig einen Sport daraus, den Inhalt Ihrer Gespräche farbig, abwechslungsreich und überraschend zu gestalten. Halten Sie Ihren Ehepartner in Spannung.

Legen Sie eine Tabuliste an. Vermerken Sie auf dieser Tabuliste, welche Begriffe, Formulierungen und Standardsätze Sie aus Ihrem Sprachschatz hinauswerfen. Werden Sie für Ihren Ehepartner auch in der Gesprächsführung neu.

Was kann Ihr Ehepartner nicht mehr sehen?

Was geht ihm auf die Nerven? Welche Gegenstände stören ihn? Welche Kleidungsstücke wirken wie ein rotes Tuch? Sie sagt: »Ich kann deinen Hut nicht mehr sehen!« Er singt ein Liebeslied auf seinen Filz.

"Ich kann es nicht mehr ertragen!"

"Gut, ich werde sofort etwas dagegen unternehmen."

"Wieso diese Hetze? Wieso immer gleich losrennen?

Ist es denn nicht möglich, einmal in Ruhe darüber zu reden?"

"Aber das muss man doch ändern!"

"Wieso muss man gleich alles ändern?"

© Günter F. Gross

Bleiben Sie erträglich

- Immer wieder neu!
- Nicht völlig voraussehbar!

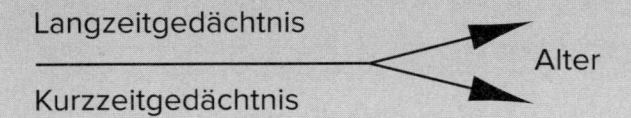

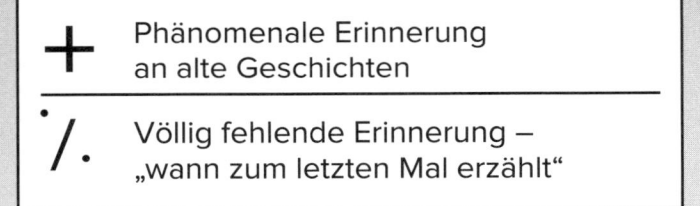

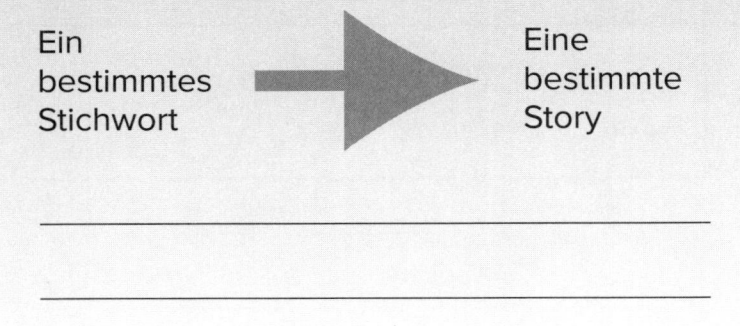

Langzeitgedächtnis

Alter

Kurzzeitgedächtnis

+   Phänomenale Erinnerung an alte Geschichten

./.   Völlig fehlende Erinnerung – „wann zum letzten Mal erzählt"

Ein bestimmtes Stichwort ➤ Eine bestimmte Story

© Günter F. Gross

Kein Showstar würde sich mit Attributen versehen, die seine Anhänger unerträglich finden. Warum kämpfen Sie in Ihrem Privatleben um die Erhaltung von Gegenständen, die Sie aus der Sicht Ihres Ehepartners nicht aufwerten, sondern degradieren?

Anstatt hartnäckig und unsensibel um die Erhaltung dessen zu kämpfen, was Ihr Ehepartner nicht mag, sollten Sie einen dramatischen Befreiungsschlag führen. Ihre Frau sagt: »Ich mag diesen Anzug nicht an dir. Ich habe diesen Al Capone-Anzug noch nie gemocht!«

Sie sagen: »Vielen Dank, dass du mir das sagst. Ich werde es nicht zulassen, dass dieser kriminelle Anzug hier weiter sein Unwesen treibt und deine Augen beleidigt!«

Dann nehmen Sie eine Schere zur Hand und fangen an, den Anzug in kleine Teile zu zerschneiden. Die strategische Regel lautet: »Die Gewinnung von Zuneigung mithilfe besonderer Dramatik beim zerstörerischen Akt.« Mit ungeliebten Möbeln können Sie auf gleiche Weise verfahren. Nur benötigen Sie hier natürlich andere Werkzeuge.

Ästhetik

Ihr Ehepartner hat Ihnen gegenüber einen Naturrechtsanspruch auf Schönheit und Gepflegtheit. Mit zunehmendem Alter sollte nicht weniger, sondern notwendigerweise mehr Zeit für die Körperpflege eingesetzt werden.

Man kann nicht so bleiben, wie man ist. Man kann nicht so werden, wie es sich ergibt. Elemente des Aussehens und des Auftretens, die den Partner aufregen und den Verursacher bisher nur amüsieren, gehören ebenfalls auf eine Tabuliste.

Zur Ästhetik im weiteren Sinne gehört nicht nur das Aussehen, sondern auch das Auftreten und Verhalten. Hören Sie mit allem auf, was Ihren Ehepartner reizt und in seiner Stimmung beeinträchtigt. Ihr Leben wird nicht besser dadurch, dass Sie sich stur weigern,

Bleiben Sie erträglich

Was kann Ihr Ehepartner nicht mehr hören?

Welche

Begriffe?

Formulierungen?

Fragen?

Kommentare?

Geschichten?

© Günter F. Gross

CHANCEN FÜR EINE GLÜCKLICHE EHE

Bleiben Sie erträglich

Was kann Ihr Ehepartner nicht mehr _sehen_?

Welche

Gegenstände?
Kleidungsstücke?
Fernsehsendungen?

„Diesen Hut
habe ich schon länger
auf dem Kopf
als dich am Herd."

„_Der Hut bleibt!_"

© Günter F. Gross

bestimmte Unarten aufzugeben. Es gibt Leute, die brauchen den Kugelschreiber nicht zum Schreiben, sondern um Geräusche damit zu machen. Andere haben vom Schöpfer die Finger erhalten, um damit zu trommeln.

Ein erfolgreicher Manager berichtete voller Verblüffung, seine Frau hätte ihm gesagt: »Bitte iss doch nicht wie ein ...!« Er hätte völlig verständnislos geantwortet:

»Wieso, wir sind doch zu Hause!«

»Secondhand«-Leben

Haben beide Partner einen interessanten Beruf, dann gilt für sie das Nachstehende sicher weniger. Wenn Sie einen interessanten Beruf haben, Ihr Ehepartner jedoch mehr mit dem Haus als mit anderen Menschen verknüpft ist, dann haben Sie einiges zu veranlassen.

Für den Ehepartner, der beruflich ein hohes Maß an Abwechslung hat, ist Ruhe und Gleichförmigkeit im Privatleben vielleicht das Paradies. Es bietet ihm die Ruhestellung und Entspannung nach der täglichen Aufregung.

Für eine Ehefrau kann es die schlimmste Routine sein. Ihr fehlen Kontakte zu interessanten Menschen und anspruchsvolle Aufgaben. Auf ihren Partner stürzen die Kontakte ein. Sie erhält immer nur Berichte über Kontakte. Sie führt ein »Secondhand«-Leben und fühlt sich zunehmend allein. Sie vereinsamt und wird depressiv.

Sorgen Sie entschlossen für Abhilfe. Sie haben keine Chance, dass es gut geht, wenn die Eintönigkeit bleibt.

Sie brauchen Erhebungen in der Steppe des Normalen. Sie brauchen die Gewinnung und Pflege von Freundschaften und das Zusammenkommen mit interessanten Menschen. Es reicht in keiner Weise aus, wenn Sie das ausschließlich für sich selbst schaffen. Sie zerstören Ihre Frau, wenn Sie die Vereinsamung weiter zulassen!

„Secondhand"-Leben

Kaum Kontakte
zu interessanten Menschen
Fehlende
anspruchsvolle Aufgaben

| allein |
| vereinsamt |
| unsicher |

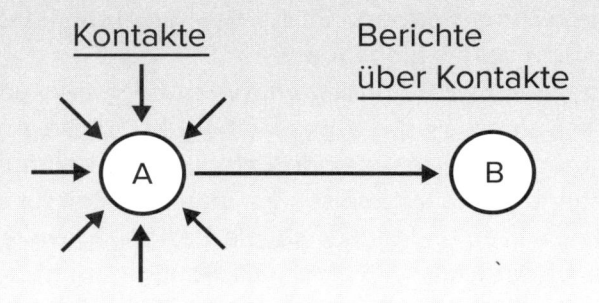

Kontakte → A → Berichte über Kontakte → B

© Günter F. Gross

Die Poseidon-Ehe

Viele führen eine Poseidon-Ehe. Sie tauchen kurz auf, stechen mit dem Dreizack zu und verschwinden wieder in der Tiefe ihres beruflichen Meeres. Ihre Auftauchpausen sind zu kurz, um Atem zu holen und sich auf dem Lande niederzulassen.

Im Ozean des Berufes sind sie pausenlos unterwegs von Fisch zu Fisch. Ähnlich wie ein Wal tauchen sie kurz auf, geben eine riesige Fontäne von sich und verschwinden dann wieder im Meer.

Welche Risikofaktoren bedrohen die Ehe?

Bei jedem anderen Projekt von der Bedeutung und Größenordnung einer Ehe würden Sie sich in Ihrem Berufsleben intensivst mit der Analyse der Risikofaktoren befassen. Also, welche Risikofaktoren bedrohen die Ehe?

Es ist *das fehlende Begreifen der vielleicht völlig anderen Wertvorstellungen* Ihres Partners. Es ist das fehlende Erfassen seiner Denkweise und seines Empfindens.

Es ist *die Unfähigkeit, Andeutungen zu begreifen,* und die Mentalität einer Dampfwalze, die unsensibel über diese Andeutungen hinwegrollt. Es ist die mangelnde Fähigkeit, zu erkennen, wie bestimmte eigene Verhaltensweisen im Laufe der Zeit für den Partner unerträglich werden und tödlich auf die Beziehung wirken.

Routine ist ein weiterer Faktor. Die Routine bringt den Staub in die Ehe hinein. Sie vernichtet alles, was an Besonderheit und Enthusiasmus da war. Routine ist die Mutter der Lahmheit. Alles geht seinen normalen Weg. Nichts Außergewöhnliches ist mehr da. Es gibt nichts, worüber man sich mit fröhlicher Erregung freuen könnte.

Die Unterwerfung unter die Macht des anderen. Übrig bleibt ein Leben, das ausschließlich vom anderen bestimmt wird. Der andere ist das Maß aller Dinge. Er ist die entscheidende Persönlichkeit, man

Die Poseidon-Ehe

Kurz auftauchen,
mit dem Dreizack
zustechen,

dann wieder
in der Tiefe verschwinden.

Auftauchpausen zu kurz,
um Atem zu holen

•

Pausenlos von Fisch zu Fisch

© Günter F. Gross

Risikofaktoren in Partnerschaften

Fehlendes Begreifen
- der Wertvorstellungen
- des Denkens
- des Empfindens

des Partners

Unfähigkeit,
Andeutungen zu begreifen

Fehlendes Erkennen langfristig tödlicher eigener Grundsätze und Verhaltensweisen

Routine – ein Tag wie der andere!

© Günter F. Gross

Risikofaktoren in Partnerschaften

Unterwerfung
- Aufgabe der eigenen Persönlichkeit
- leben nur durch den anderen

Unterforderung des Partners

Überforderung des Partners

Beherrschungssucht

Geltungssucht

Angst

© Günter F. Gross

Risikofaktoren in Partnerschaften

Hektik

Monologe

Degradierende Belehrungen und Kommentare

Nörgeln

Streit über lächerliche Themen

Mängel in der Ästhetik

© Günter F. Gross

selbst ist ein Anhängsel. Es gibt keine Partnerschaft mehr, sondern nur ein Verhältnis zwischen dem oder der Dominierenden und dem Unterworfenen.

Unterforderung nimmt Ihrem Partner sein Selbstbewusstsein. *Überforderung* nimmt ihm seine Kraft und vielleicht sogar seine Gesundheit.

Geltungssucht schiebt den anderen in die verdunkelte Ecke. Er steht im Schatten. Sie selbst stehen im Licht.

Angst reduziert ihn in seiner Menschenwürde. Sie degradiert ihn. Angst zerstört das Leben des anderen. Sie ist von allem das Schrecklichste.

Beherrschungssucht und das automatische, überhaupt nicht mehr wahrgenommene eigene Drängen in den Mittelpunkt degradieren den Partner. Er ist nur noch mit zehn Prozent seiner geistigen Fähigkeiten als Staffage dabei.

Hektik bringt jede Gelassenheit aus dem Privatleben heraus. *Monologe* knüppeln den anderen nieder. Degradierende Belehrungen und Kommentare stehlen ihm seine Würde und verletzen ihn nachhaltig.

Nörgeln, *Streit über lächerliche Themen* zerstören die Jugendlichkeit und lassen jeden der an diesem Spiel Beteiligten alt wirken.

Mängel in der Ästhetik degradieren den Verursacher und sind eine Beleidigung für seinen Partner.

Was bringt nichts?

Der gute Wille, ein glückliches Privatleben zu haben, bringt allein noch nichts. Kurzfristige, einmalige zeitliche Kraftakte und Anläufe schaffen es auch nicht. Die ständig gleichen erfolglosen Bemühungen sollten beendet werden. Sie brauchen neue Methoden.

Finanzielle Zuwendungen erheitern den anderen für eine bestimmte Zeit. Sie sind kein Ersatz für die persönliche Zuwendung. Ihre Wirkung wird von Jahr zu Jahr geringer. Der Betrag, mit dem

Sie vor fünf Jahren zwei Tage Fröhlichkeit erkämpfen konnten, reicht heute vielleicht nur noch für eine Fröhlichkeit von 8.00 bis 10.00 Uhr.

Die Steigerung des Besitzes ist auch nicht unbedingt ein Erfolgsfaktor. Besitz verlangt Pflege und kostet Unterhalt. Vielleicht zwingt Sie gerade der zusätzliche Besitz dazu, noch mehr beruflich tätig zu sein und noch weniger Zeit für das Private zu haben. Auf diese Weise wird der Besitz zum Diktator, so wie es Emerson im 19. Jahrhundert ausdrückte: »Wer sich eine Kuh leistet, wird von ihr gemolken!«

Der Hinweis auf die spätere überdimensionale finanzielle Absicherung des Partners kann diesen in der Gegenwart auch nicht besonders beeindrucken. Die Absicherung hat mit der Gegenwart nichts zu tun. Sie ist ein Versprechen für die Zukunft. Ein Gespräch beweist es deutlich. Er sagt: »Wenn ich eines Tages nicht mehr bin, wirst du sehr gut abgesichert sein!« Sie antwortet: »Aber du gehst ja nicht!«

Die Darstellung der eigenen Leistungen wird für den anderen langweilig. Die ständige Präsentation der eigenen Sorgen, Probleme und Befürchtungen geht dem anderen eines Tages auf das Gemüt.

Natürlich ist die Ehe eine Partnerschaft, die dafür da ist, gemeinsam Sorgen und Probleme zu besprechen. Aber das darf nicht ständig und absolut undiszipliniert geschehen.

Es geht nicht an, dass einer, wild darauf losredend, eine Sorge nach der anderen präsentiert, um zwei Tage später mitzuteilen: »Nein, da sehe ich kein Problem, das geht selbstverständlich alles in Ordnung!«

Gebrüll und Drohungen sind das Allerletzte. Sie sind bei einer schwachen Person Imitation von Stärke.

Die Flucht in die Krankheit könnte gefährlicher werden als das Durchstehen einer schwierigen Lage.

Die Pflege zu Hause ist sicherer.

Es bringen nichts

Guter Wille

Zeitliche Kraftakte

Ständig gleiche
erfolglose Bemühungen

Finanzielle Bestechungen

Besitz

Überdimensionale
finanzielle Absicherung

Erfüllung aller materiellen Wünsche

_____

_____

_____

_____

© Günter F. Gross

Es bringen nichts

Darstellung der eigenen Leistungen

Darstellung der eigenen Sorgen, Probleme und Befürchtungen

Flehen um Verständnis

Gebrüll

Drohungen

Flucht in die Krankheit

© Günter F. Gross

Versprechungen

Die Ehe besteht aus Epochen mit unterschiedlichen Möglichkeiten. In den ersten Jahren der Ehe können Sie mit hoher Glaubwürdigkeit noch viel versprechen.

Ihr Hinweis: »Zukünftig wird das alles anders, ich brauche nur noch Folgendes zu schaffen ...« wird von einer Ehefrau, die 25 ist, noch Wort für Wort geglaubt.

Zehn Jahre später sind Sie in einer völlig anderen Epoche. Die Glaubwürdigkeit ist gesunken. Mit den gleichen Versprechungen ist keine Überzeugung mehr zu erreichen. Hier müssen dann wirklich Worte durch Handlungen ersetzt werden.

Was bringt etwas?

Beginnen Sie damit, dass Sie das Besondere der Existenz Ihres Ehepartners erfassen. Nehmen Sie die Existenz Ihres Ehepartners keineswegs als etwas Normales, sondern als etwas Außergewöhnliches.

Sehen Sie die besonderen, positiven Eigenschaften Ihres Ehepartners. Erkennen Sie, wie viel Sie an Ihrem Partner haben. Sehen Sie nicht nur, was Ihnen fehlt.

Versuchen Sie, sich zu erinnern und zu erfassen, was und wie Ihr Ehepartner einmal war. Denken Sie darüber nach, was Sie tun könnten, um behutsam das wiederherzustellen, was verletzt oder verschüttet wurde.

Vielleicht gehören Durchsetzungsvermögen und Nehmerqualitäten zu Ihrer beruflichen Grundausstattung. Für Ihr Privatleben gilt, dass Sie Behutsamkeit und Geberqualitäten benötigen.

Vor allem anderen kommt die Zärtlichkeit. Sie ist keine Folge von Aktivitäten, sondern das Ergebnis eines Wesenszuges.

Auf den ersten Blick kann es so aussehen, als wäre Zärtlichkeit die Kraft der Schwachen. Meist ist es genau umgekehrt. Es sind die

Beschwörungsformeln:

„Das wird zukünftig alles anders."

„Ich brauche nur noch Folgendes zu schaffen."

Ehefrau (25):
    glaubt noch alles

Sybille Hoffnung

Ehefrau (35):
    glaubt nichts mehr

Angelika Skepsis

Ehefrau (45):
    glaubt woanders

Sandra Servus

© Günter F. Gross

Starken, die Zärtlichkeit geben können und die Kraft haben, die Besonderen zu schützen.

Tun Sie mehr, um Ihre Stärke nicht von Ihrem Berufsleben reduzieren zu lassen. Gestalten Sie Ihre Berufsausübung so, dass Sie Ihre psychische Energie und Ihre heitere Gelassenheit stärker bewahren können.

Sprengen Sie die Routine. Betreiben Sie Forschung und Entwicklung auch für Ihr Privatleben.

Richten Sie sich ein System ein, um Ideen für private Aktionen zu sammeln und verfügbar zu haben.

Bringen Sie mehr Überraschung in Ihr Privatleben hinein. Eine Überraschung bringt nicht nur eine Abwechslung. Sie ist ein Indikator für vieles. Ihr Ehepartner sieht an der Überraschung, wie sehr Sie sich mit ihm beschäftigt haben, dass Sie ihn erfreuen wollten und dass Sie Mühe und Zeit eingesetzt haben, um diese Überraschung zustande zu bringen.

Ohne dass er es wusste, waren Sie längst für ihn tätig. *Die Überraschung ist die Spitze des Eisberges. Die Krone aller Eisspeisen heißt nicht umsonst: »Omelette surprise«.*

Legen Sie Zeit für gemeinsame private Aktionen fest. Fixieren Sie in Ihrem Kalender »Antitermine«. Mit Terminen geben Sie anderen Ansprüche auf Ihre Zeit. Antitermine hingegen sind Termine, die Sie für sich und Ihren Ehepartner reservieren. Es ist der Stoff, aus dem die Hoffnung stammt.

Gehen Sie nicht davon aus, dass es in erster Linie die Aufgabe des anderen ist, für einen neuen Start in Ihrer Ehe zu sorgen. Sie können den anderen nicht mit Forderungen bewegen. Sie können ihn nicht mit dem Appell beeinflussen, sich zu ändern. Es ist völlig erfolglos, wenn Sie sagen: »Ich bin außerordentlich gespannt auf all die Veränderungen, die jetzt in unserer Ehe kommen werden!«

Sie können nur sich selbst ändern. Das ist die einzige Möglichkeit, auch aus Ihrem Partner einen anderen Menschen und einen anderen Partner zu machen. Am Start stehen Sie. Viel Glück!

- Durchsetzungsvermögen
- Nehmerqualitäten

★ Behutsamkeit
★ Geberqualitäten

Zärtlichkeit
- ist keine Aktivität, sondern eine Eigenschaft
- ist keine Schwäche

Schwäche ⟶ Terror

Stärke ⟶ Großmut

Zum kämpferischen Handeln braucht man kein Betongesicht.

© Günter F. Gross

Routine
ist tödlich

- ☞ Ideen für private Aktionen
- ☞ überraschen
- ☞ bedanken
- ☞ Geschenkmarketing

Mehr Planung für private Aktionen

- ☞ immer wieder neu
- ☞ immer wieder überraschend

„Verblüffungs"-Programm

© Günter F. Gross

- Mehr Wachheit
- Mehr Interesse
- Mehr Einfühlungsfähigkeit
- Mehr Kreativität
- Mehr Kraft
- Mehr Zeit
- Mehr Schnelligkeit
- Mehr Zuneigung

Weniger reden, mehr realisieren!

© Günter F. Gross

CHANCEN FÜR EINE GLÜCKLICHE EHE

Was macht man, wenn man überhaupt keine Probleme in der Ehe hat?

„Ich würde sofort einen Privatdetektiv engagieren!"

© Günter F. Gross

Alltäglichkeit

Armseligkeit

Der traurige Zustand
ständiger Nüchternheit

Das Leben
als Kaltblüter

Pfeffer ist aus!

Wie können wir heute
die Routine sprengen?

Womit können wir
uns heute erfreuen?

© Günter F. Gross

Berufsleben
Privatleben

Bisher:

Verlust von Kraft
und Stimmung
im Laufe
des Arbeitstages

Erschöpfte Rückkehr
in das Privatleben,
Heiminsasse
im privaten
Rekreationszentrum

Rückgewinnung von Kraft
für den nächsten Arbeitstag

_____

_____

_____

© Günter F. Gross

Berufsleben

Privatleben

Von jetzt an:

Gewinnung von Kraft
und Stimmung
bei der Arbeit
und Zusammenarbeit

> Kraftvoll und bester Stimmung
> nach Hause
>
> Dort Abbau der Kraft,
> Zunahme der Stimmung

Am nächsten Morgen
ohne Kraft,
jedoch mit Stimmung
in den nächsten Arbeitstag

_____

_____

_____

© Günter F. Gross

Belastungen und Sorgen ohne Demoralisierung bewältigen

Belastbarkeit ist eine der Fähigkeiten, die am stärksten dazu beiträgt, Ihre Lebensqualität zu erhöhen. Sie ist für den Lebenserfolg von so ausschlaggebender Bedeutung, dass man erstaunt darüber sein muss, für wie wenige Berufe *Belastbarkeit und Furchtlosigkeit* zu zentralen Aufgaben der Berufsausbildung gemacht werden und wie wenig diese Zielsetzung Thema der Erziehung und Persönlichkeitsbildung ist.

Zu geringe Belastbarkeit führt zu Demoralisierung und Lähmung. Was jeder von uns benötigt, ist die Fähigkeit, unter großer physischer und psychischer Belastung gelassen zu bleiben, die richtigen Entscheidungen zu treffen, ein großes Arbeitspensum zu bewältigen und die Stimmung zu erhalten.

Belastungen und Sorgen sind Kernstücke der menschlichen Existenz. Besorgtheit ist so präsent, dass wir mit ihr leben lernen müssen wie mit einem Ehepartner. Jeder von uns ist so vielen Belastungen und Sorgen unterworfen, dass er Grundsätze der Philosophie, der Strategie und Methoden benötigt, um trotz dieser Belastungen und Sorgen sich seine Arbeitsfähigkeit, seine Energie, seine Ausstrahlung, seinen Lebenssinn und sein Wesen zu erhalten.

Die Arbeit unter Druck wird in der Zukunft normal sein. Der berufliche Druck wird größer werden. Das wird sich auf das Privatleben auswirken. Lebenserfolg wird sich zukünftig nur bei größerer Belastbarkeit und größerer Gelassenheit erreichen lassen.

Das Ziel steht fest. Es geht darum, Belastungen und Sorgen ohne Demoralisierung zu bewältigen und zu einer Gemütslage der »heiteren Gelassenheit« zu kommen.

Wir müssen uns konditionieren für das Chaos

Die Bedingungen werden sich zukünftig schneller ändern. Die Schwankungen werden größer werden. Strukturen und Bedingungslagen werden sich ändern. Die Machtverhältnisse und damit der Inhalt von Gesetzen werden von Wahl zu Wahl von einem Extrem in das andere gehen. Die Lebenserwartung von Bedingungslagen wird sinken.

Die Klarheit, Sicherheit und Bequemlichkeit einer langfristig gleichartigen Ordnung wird nicht mehr gegeben sein. Der Normalzustand wird der hohe Wellengang sein. Der Boden, auf dem wir uns bewegen, wird Moorboden sein.

Das Chaos wird Normalität. Chaos ist der Zusammenbruch der Ordnung. Die Zustände werden ungeordneter sein. Das Gegenteil einer Situation wird überraschend eintreten. Veränderungen werden ohne Vorwarnung hereinbrechen.

Wir werden also lernen müssen, uns unsere Lebensqualität in Situationen zu erhalten, die durch Diskontinuität geprägt sind und chaotische Züge tragen.

Chaotische Zeiten verlangen nicht nur höhere Belastbarkeit, sondern auch höhere Beweglichkeit. Eingraben bringt nichts. Wandlungsfähigkeit und Reaktionsfähigkeit sind entscheidend. Genauso auch Imagination und Voraussicht als Voraussetzungen für ein präventives Handeln.

Wir werden lernen müssen, an einem Tisch des Lebens zu sitzen, der unterschiedlich lange Beine hat und bei jeder Bewegung wackelt. Wer an einem solchen Tisch seine Lebensspeisen unbeeindruckt genießen kann, der hat die genetische, philosophische und strategische Grundausstattung für diese Zeit.

Er hat das Wissen, dass es keine »geordneten Verhältnisse« geben kann und wird.

Belastungen und Sorgen ohne Demoralisierung bewältigen

1. Physische Kraft
2. Psychische Kraft
3. Aussehen
4. Ausstrahlung

Gemütslage:

(Heitere Gelassenheit)

© Günter F. Gross

Erkennen Sie die Weisheit des ungesicherten Lebens

Denken Sie wacher und entschlossener daran, den Erfolg des heutigen Tages zu sichern und Misserfolge für den heutigen Tag auszuschalten, als immer nur daran, eine *absolute* Absicherung der Zukunft zu erreichen.

Die Zukunft ist mit Sicherheit unsicher. Für sie gilt: »Glück ist das Fehlen von Unglück!« Es gibt keine langfristige Sicherheit: »In the long run we are all dead!«

Der heutige Tag ist etwas anderes. Ihn können Sie sichern. Für ihn gilt nach Charlie Chaplin: »Glück ist eine Frage der Organisation!« Natürlich ist Glück mehr, aber Organisation und Sicherung des jetzigen Tages tragen entscheidend dazu bei.

Kommende Tage sorgen für sich selbst. Das ist ihr Wesen. Jeder Tag ist ein neuer Beginn und eine neue Chance.

Hüten Sie sich vor dem strategischen Kardinalfehler der »Überversicherung«

Überversicherung ist die Zerstörung der Gegenwart für den vergeblichen Versuch, die Zukunft völlig abzusichern. Ruinieren Sie sich nicht die Gegenwart zugunsten der Zukunft.

Leben Sie nicht jetzt schlecht, um es später vielleicht besser zu haben. Arbeiten Sie sich jetzt nicht tot, um später gut leben zu können. Haben Sie mehr Erbarmen mit sich selbst – jetzt! Laufen Sie nicht mit der Gesundheit dem Geld hinterher, um später mit dem Geld Ihrer Gesundheit hinterherlaufen zu müssen.

Heben Sie sich nicht alle Reserven für die Sicherung der Zukunft auf. Geben Sie Reserven frei, um die Gegenwart zu sichern und nicht in der Gegenwart zusammenzubrechen. Scheitern Sie nicht bei Ihren jetzigen Aufgaben, nur weil Sie keine Mittel aus der strategischen

Reserve für die Unterstützung der gegenwärtigen Offensive freigeben wollen.

Reserven sind nicht nur da für zukünftige Katastrophen. Sie sind auch dafür da, um es nicht in der Gegenwart zu Katastrophen kommen zu lassen.

Halten Sie nicht nur fest, was Sie in der Gegenwart geleistet haben. Machen Sie auch ab und zu eine »Unterlassungsliste«. Versäumen Sie jetzt nicht das in Ihrer Ehe, was Sie in ferner Zukunft so hervorragend machen wollen. *Zukunft wird von Jahr zu Jahr knapper.*

Leben Sie bewusst mit heiterer Gelassenheit

Betrachten Sie heitere Gelassenheit und Fröhlichkeit nicht nur als Verhaltensweisen, sondern als Lebensziele. Lebensziele sind nicht nur materielle Ergebnisse, sondern die Art und Weise zu leben.

Stellen Sie die Faktoren zusammen, die Ihre Lebensqualität positiv beeinflussen. Beschäftigen Sie sich mit diesen Faktoren. Fixieren Sie sich nicht auf Negatives. Befassen Sie sich kreativ mit Methoden und Faktoren, die Ihnen eine heitere Gemütslage verschaffen.

Erkennen Sie Ihre zentralen Interessen. Geben Sie sich nicht selber auf und zerstören Sie sich nicht mit einer selbstmörderischen Loyalität. Sie erweisen anderen keinen Dienst, wenn Sie nur über andere leben.

Erdulden Sie Belastungsfaktoren nicht zu lange

Seien Sie nicht zu stolz auf übertriebene Nehmerqualitäten. Es wäre absurd, sich nur auf die Fähigkeit der hohen Belastbarkeit zu konzentrieren und es damit gut sein zu lassen. Sie ist immer nur eine Vorstufe für das entschlossene Verändern dessen, was änderbar ist. Die Fähigkeit zu erdulden ist die Unfähigkeit zu ändern. Geduld in diesem Sinne ist keine Tugend. Die Unfähigkeit, sich über bestimmte Belastungsfaktoren zu erregen, ist ebenfalls keine Tugend. Es gibt eine Form der Gelassenheit, die nichts anderes ist als Lahmheit.

Probleme lösen sich nicht von selbst

Sie werden nicht von selbst kleiner. Auf vielen Gebieten ist es später, als Sie denken. Sie sind in einem Kessel. Der Ausbruch aus dem Kessel ist überfällig. Eine Entscheidung ist seit Langem nötig. Sie haben sie zu treffen. Hören Sie auf, mit anderen darüber zu reden. Geraten Sie nicht in die Mentalität des Pendelmannes, der, entschlusslos zwischen zwei Zielen pendelnd, seine Kraft verliert. Entscheiden Sie sich für eine der Alternativen.

Die Weisheit des ungesicherten Lebens

Zukunft:
sicher unsicher!

Der gegenwärtige Tag:
sicherbar

Zukunft:
„Glück ist das Fehlen von Unglück"

Gegenwart:
„Glück ist eine Frage der Organisation"
(und Bedachtsamkeit)

Überversicherung:

„Zerstörung der Gegenwart
für den vergeblichen Versuch,
die Zukunft völlig zu sichern"

© Günter F. Gross

Nehmen Sie nicht den guten Willen für die Tat

Der gute Wille reicht nicht. Zeitaufwand und Anstrengungen sind noch nicht das Ergebnis. Ständige Lösungsversuche an der gleichen Stelle, immer wieder ohne Erfolg, werden nicht besser dadurch, dass sie wiederholt werden.

Grundlegende Probleme sind nicht mit taktischen Mitteln zu lösen. Sie können nicht mit kosmetischen Maßnahmen Aufgaben lösen, die eine Operation verlangen.

Schieben Sie Schwierigkeiten nicht nur auf den Zeitmangel. Es ist häufiger der Mangel an Entschlossenheit und Kraft. Was Zeit kostet, ist die Entschlusslosigkeit und die Vielzahl der halbherzigen, ungeeigneten Versuche.

Nach einem getroffenen Entschluss ist für die Lösung eines Problems nur ein Bruchteil der Zeit erforderlich, die man vorher für nötig hielt.

Erkennen Sie die Lage

Drücken Sie sich nicht davor. Belügen Sie sich nicht. Verschönern Sie die Lage nicht. Werden Sie kein Großmeister des Selbstbetruges.

Sie brauchen eine Belastungsdiagnose. Die Belastung ist ein Mosaik. Die Belastungsdiagnose ist bereits ein Teil der Therapie. Halten Sie sich an den Philosophiegrundsatz: »Sie sollten Ihr eigener Zuschauer sein!«

Ermitteln Sie die permanenten Belastungsfaktoren. Wo sind Engpässe, Ärgerquellen und Fehlerquellen? Was hält Sie gedanklich gefangen und versklavt Sie? Welche Themen wirken terroristisch auf Ihre Stimmung?

Der Ausbruch aus dem Kessel

- Es ist später, als Sie denken!
- Eine Entscheidung ist seit langer Zeit überfällig.
- Sie allein haben sie zu treffen.
- Hören Sie auf, mit anderen darüber zu reden!

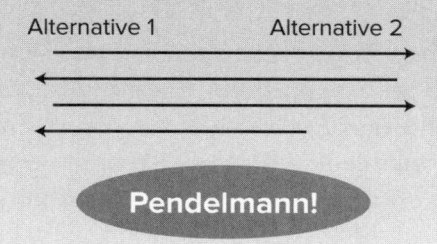

Alternative 1   Alternative 2

Pendelmann!

Entschlusslos zwischen zwei Zielen pendelnd geht die gesamte Kraft verloren!

© Günter F. Gross

Energie erhalten und gewinnen

Arbeiten Sie ein Programm für sich aus, um sich Ihre psychische Energie zu erhalten und neue Energie zu gewinnen.

Sorgen Sie dafür, dass Sie nicht zur gleichen Zeit deprimiert und erschöpft sind. Schlafen Sie in Zeiten negativer Stimmung mehr. Ernähren Sie sich dann besonders zweckmäßig und treiben Sie Sport. Ihre physische und psychische Kraft sind abhängig von Ihrer Gesundheit und Fitness. Von Ihrer Gesundheit und Fitness hängt auch Ihre Fähigkeit ab, privat und beruflich entschlossen das Richtige tun zu können.

Es gibt in Ihrem Leben kaum andere Gebiete, mit denen Sie sich so intensiv, kreativ und systematisch beschäftigen sollten, wie mit der Erhaltung Ihrer Gesundheit und Fitness. Diese bleiben die Schlüssel für Erfolge auf allen anderen Gebieten. Streben Sie ein biologisches Alter an, das Sie definieren könnten als: »Kalendarisches Alter minus fünf«.

Nehmen Sie Ihren Beruf nicht zu ernst. Aber üben Sie ihn ernst aus, also professionell. Organisieren Sie Ihre Arbeit so, dass Sie Entspannung, Erholung und Freude bei der Arbeit gewinnen können. Das kann geschehen mit einem neuen Stil der Kooperation, mit einer anderen Art von Kommunikation, mit Arbeit »ohne Hetze und Hektik«, mit anderen Arbeitstechniken und mit einer besseren Gestaltung Ihres Arbeitsumfeldes.

Betrachten Sie Ihre Arbeit nicht als Anstrengung und Belastung, sondern als das entscheidende Instrument zur Steigerung Ihrer persönlichen Lebensqualität. Arbeit dient nicht nur der Erzielung materieller Ergebnisse. Arbeit verlangt spielerische Züge. Es bedarf der ständigen Analyse und des Trainings, um zu Methoden zu kommen, die eine Kombination zwischen Leichtigkeit und Professionalität beinhalten.

Etablieren Sie einen Ihnen gemäßen Stil. Stil ist die Prägung der Verhaltensweisen und Maßnahmen durch Ihr ureigenstes Wesen und Ihre Grundsätze. Stil liefert Ihnen innere Ruhe und Gelassenheit.

Strategie:

Die Wahl
des richtigen Schiffes

Taktik:

Der Kampf
um den
besten Liegestuhl
auf dem falschen Schiff

© Günter F. Gross

Bauen Sie Ihren Freiheitsspielraum aus

Je weniger Verknüpfungen Sie benötigen, umso unabhängiger sind Sie. Sie brauchen ein Unabhängigkeitsprogramm.

Passen Sie Ihre Ziele Ihren zeitlichen Mitteln an. Übernehmen Sie sich zeitlich nicht. Verkürzen Sie die Frontlänge. Erkennen Sie vor Beginn einer Aufgabe deren zeitlichen Anspruch. Prüfen Sie, ob die Aufgabe und das damit verbundene Ziel die Zeit wert sind, die sie von Ihnen verlangen.

Bedenken Sie dabei, dass es sich nicht nur um Zeitansprüche handelt, sondern auch um Ansprüche an Ihre Kraftreserven.

Konzentrieren Sie sich auf die lebenswichtigen Faktoren. Verzetteln Sie sich nicht. Qualität ist die Königsform der Quantität. Im Leben entscheidet Qualität. Beschäftigen Sie sich mit Maßnahmen, die zu einer qualitativen Expansion führen.

Verwenden Sie mehr Gedanken an Umsicht, Voraussicht und Vorbeugung. Verplanen Sie nicht alles, was Sie an Ressourcen haben. Halten Sie sich die Optionen offen und erhalten Sie sich zeitliche Reserven.

Gehen Sie nicht daran zugrunde, dass Sie eine Stellung nur halten wollen, um nicht eine »Niederlage« eingestehen zu müssen.

Machen Sie nicht immer wieder neue Anläufe, immer wieder ohne Erfolg.

Sie können nur dann zur Elite gehören, wenn Sie die Frontlänge verkürzen. Erst dann existiert der Stoßkeil, mit dem Sie tief in Chancengebiete eindringen können.

Auf einer Riesenfrontlänge reicht Ihre Kraft gerade nur aus, eine halbe Umdrehung nach vorn zu machen.

Schöpfen Sie das Vorhandene besser aus. Benachteiligen Sie nicht ausgerechnet das, was besonders erfolgreich läuft. Streben Sie keine Beute auf einem neuen Gebiet an, wenn Ihnen das bisher Gewonnene beim Ergreifenwollen des Neuen aus der Hand gleitet.

Passen Sie Ihre Zeit dem gewählten Ziel an. Hüten Sie sich vor Unterdosierung. Sie macht die gegnerischen Kräfte noch virulenter.

Fixieren Sie in Ihrem Kalender zeitliche Rückstellungen. Etablieren Sie ein Fundament der inneren Ruhe, indem Sie Ordnung in Ihre persönlichen Verhältnisse bringen. Wie müssten diese Verhältnisse geregelt sein, wenn Ihre persönliche Existenz und Hilfe für Ihre Angehörigen und Partner ab morgen nicht mehr zur Verfügung stünde?

Welche Dokumente müssten wo sein? Wie sieht es mit Versicherungen aus und mit Steuern? Welche Anweisungen braucht Ihr Anwalt? Wie müssen die Unterlagen gekennzeichnet sein? Was müssten Ihre Angehörigen im Detail an Informationen haben? Legen Sie für diesen Bereich ein Sicherheits- und Bequemlichkeitsprogramm für Ihre Angehörigen und Partner fest.

Leben =
Ziele kaufen für Zeit

Lebenskunst:

1. Die richtigen Sachen anfangen

2. Die falschen Sachen nicht anfangen

3. Ziele, die den Einsatz wert sind

4. Weniger ist mehr

5. Weniger bringt mehr

_____

_____

_____

© Günter F. Gross

Entschlossenes Unterlassen

Die Schlüsselfrage
der hohen Strategie:

Warum überhaupt?

Die Schlüsselfrage
an Enthusiasten:

Was haben Sie selbst davon?

_____
_____
_____
_____
_____

© Günter F. Gross

**Passen Sie Ihre
Ziele und Aufgaben
Ihren Machtmitteln an:**

- zeitlichen
- finanziellen
- psychischen
- physischen

> Angemessene Ziele!

Zusätzliche Mittel,
wenn das Ziel größer wird!

> Konsolidierungsphasen
> Erholungspausen

© Günter F. Gross

Trennung und Verzicht

→ Von Ballast befreien
→ Marschgepäck verringern

„Die Lösung von einer Front
gehört zu den
strategischen Meisterleistungen!"

- Betätigungsgebiete
- Partner
- Gegenstände

Trennung kostet häufig mehr
als Erarbeitung und Erwerb!

> Zahlen Sie den Preis
> für Ihre Befreiung –
> nehmen Sie die Last
> von Ihren Schultern!

_____

_____

_____

_____

© Günter F. Gross

Ihr Freiheitskampf

Festhalten fesselt und zerstört

- Geben Sie Teile des gewonnenen Geländes auf.
- Verkürzen Sie die Front.
- Machen Sie gebundenes Zeitkapital frei.
- Passen Sie Ziele und Aufgaben Ihren zeitlichen Machtmitteln an.

Zeitliche Eingreifreserven gewinnen, um an aussichtsreicheren Frontstellen offensiv werden zu können

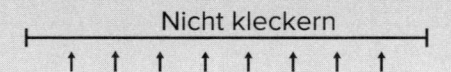

Nicht kleckern

sondern klotzen

© Günter F. Gross

Lassen Sie nicht alle Ihre jetzigen Entscheidungen von einem Ereignis bestimmen, das Sie in der Zukunft erhoffen, erwarten oder anstreben

Dieses Warten auf das große, rettende Ereignis in der Zukunft ist der größte Vernichter der Lebensqualität der Gegenwart. Es ist ein Verhinderungsfaktor von hohen Graden. Es ist das Warten auf die klaren, geordneten Verhältnisse und die große Lösung aus einem Guss.

Einer der größten Strategiefehler besteht darin, zu glauben, dass es irgendwann einmal klare, bequeme Verhältnisse geben wird, und dass es unnötig ist, jetzt Zwischenlösungen zu schaffen. *Auf der untersten Stufe der Lebenserfahrung tummelt sich der Glaube an die Existenz der perfekten Situation.*

Menschen dieses Glaubens scheuen den unbequemen Aufbau ständig neuer Zwischenlösungen. Sie finden das alles unbefriedigend. Sie warten auf das eine große Ereignis, das ihnen das totale Heil und den absoluten Handlungsspielraum bringen soll.

Sie entscheiden alles in der Gegenwart, ausgehend von ihrer Erwartung für die Zukunft: »Wir haben uns bewusst nur eine kleine Eigentumswohnung gekauft, weil wir jetzt bereits berücksichtigen, dass unser Sohn einmal das Haus verlässt!«

»Wie alt ist Ihr Sohn?« – »Udo ist jetzt drei Jahre, aber außerordentlich groß für sein Alter!«

Strategischer Kardinalfehler

Alle jetzigen Entscheidungen
bestimmen lassen
von einem

erhofften
erwarteten
erstrebten

Ereignis in der Zukunft

Dieses Phantom
ist der größte Vernichter
der Lebensqualität
der Gegenwart!

Jede mögliche Entlastung
unterbleibt – man wartet
auf das Ereignis, das die
totale Verbesserung bringen soll.

© Günter F. Gross

Erlauben Sie negativen Ereignissen der Vergangenheit keinen Einfluss auf Ihre Gegenwart und Zukunft

Beenden Sie Ihre Vergangenheit. Setzen Sie ausreichende Mittel ein, um sich von den negativen Elementen Ihrer Vergangenheit freizukaufen.

Lösen Sie sich von den Tauen, die Sie mit dem Negativen der Vergangenheit verknüpfen. Werden Sie nicht das Opfer einer Versagensdepression. *Nur Versager versagen nie – sagen sie!*

Richten Sie den Blick nach vorn und gehen Sie ohne Ketten und Fesseln an einen neuen Start. Ihr kommendes Leben werden Sie ausschließlich in der Zukunft verbringen!

Die 2. Wahl

Vielleicht haben Sie, wie viele von uns, in Ihrem Leben für eine lange Zeit eine sogenannte »1. Wahl« gehabt. Das mag eine Position, eine berufliche Kooperation oder eine private Partnerschaft gewesen sein.

Sie haben mit einem enormen Aufwand an gutem Willen, Zuwendung, Kraft, Zeit und Nachdenken versucht, diese »1. Wahl« zu einem Erfolg zu machen.

Sie haben sich für Ihre »1. Wahl« verausgabt. Was Sie aufwandten, erhielten Sie nicht zurück. Von Ihrer Zuwendung hatten Sie wenig. Je weniger erfolgreich Sie bei Ihren Anstrengungen waren, umso verbissener kämpften Sie darum, den erstrebten Erfolg zu erreichen.

Sie kämpften und gaben nicht auf. Sie versuchten es immer wieder. Sie lebten in einem ständigen Wechsel zwischen Niedergeschlagenheit und Hoffnung. Am Ende sind Sie mit und bei Ihrer »1. Wahl« auf die eine oder andere Weise gescheitert. Das Leben mit der »1. Wahl« ist beendet worden. Nicht durch Sie, sondern durch andere

Personen oder Ereignisse. Für Sie war es eine schicksalshafte Entwicklung. Sie selbst hätten niemals aufgegeben.

Danach kam die Chance der »2. Wahl« auf Sie zu. Sie sind in einer neuen beruflichen Position. Die Aufgabe macht Ihnen Freude. Die Lebensqualität ist hoch. Ihre Partner liefern Ihnen Herzlichkeit und Wohlwollen. Es gibt keine Intrigen. Ihr Freiheitsspielraum ist groß und Sie sind unabhängig.

Sie könnten also glücklich sein. Nein, leider gab es früher einmal die »1. Wahl«. Auch nach Jahren kreisen Ihre Gedanken immer noch um den Misserfolg bei der »1. Wahl«. Es existiert eine Versagensdepression.

Da es Ihnen bei der »2. Wahl« ohnehin gut geht, wird nur ein Bruchteil der Anstrengungen für sie unternommen, der früher bei der »1. Wahl« üblich war. Trotzdem liefert Ihnen die »2. Wahl« alles, was Sie sich bei der »1. Wahl« so gewünscht hätten. Es wird nur unsensibel als gegeben hingenommen. Früher hätten Sie sonst was unternommen, um einen Bruchteil des jetzt für Sie Normalen zu erhalten.

Die gedankliche Verbundenheit mit der »1. Wahl« macht Sie offensichtlich unfähig, das zu schätzen und zu genießen, was nicht mit dem *Erfolg der Erfolglosigkeit* verbunden ist.

Denken Sie diese Analyse durch, besonders dann, wenn es bei der »1. Wahl« um eine private Partnerschaft ging. Hier sind diese Gedanken von noch größerer Bedeutung als im beruflichen Bereich. Kappen Sie auch hier die Taue, die Sie mit der »1. Wahl« verbinden. Beenden Sie Ihre Vergangenheit. Ihr Leben findet in der Gegenwart und in der Zukunft statt. Lassen Sie nicht die erfolgreiche »2. Wahl« zerstören von der erfolglosen »1. Wahl«.

Schenken Sie Ihre Kraft, Kreativität und Zuneigung ganz und gar der »2. Wahl«. In Ihrem jetzigen Leben ist sie die Nummer eins! Hüten Sie sich vor Lässigkeit und Nachlässigkeit: »Jetzt ist alles wundervoll. Jetzt brauche ich mir keine Gedanken mehr zu machen!«

BELASTUNGEN UND SORGEN OHNE DEMORALISIERUNG BEWÄLTIGEN

Erlauben Sie negativen Ereignissen der Vergangenheit

keinen Einfluss mehr auf Ihre

– Gegenwart
– Zukunft

Beenden Sie Ihre Vergangenheit!

Blick nach vorn

Neuer Start

© Günter F. Gross

Stellen Sie keine zu hohen Ansprüche

Es ist eine weltfremde Forderung, zu wünschen, dass alles so läuft, wie Sie es gern hätten. Es ist keineswegs normal, dass alles gut geht. Freuen Sie sich, wenn es der Fall ist. Betrachten Sie es als Geschenk und nicht als Rechtsanspruch.

Warten Sie nicht auf andere Verhältnisse. Die Verhältnisse sind fast immer weniger günstig, als Sie sich das wünschen. Genau diese Verhältnisse sind die Basis, von der Sie ausgehen müssen. Sie sind der Rahmen, in dem Sie zu arbeiten und zu leben haben.

Betrachten Sie Probleme als »Herausforderungen«, auch wenn dieses Wort anfängt, komisch zu klingen. Der Philosoph Popper definiert »Leben« als das Lösen von Problemen. Probleme sind nicht die Ausnahme auf dem Lebensweg, sondern der Lebensweg selbst. Gehen Sie Probleme mit Gelassenheit an, ohne Aufregung, Angst und Hektik.

Nehmen Sie die Situation an

Nehmen Sie bei unabwendbaren Ereignissen und Schicksalsschlägen die Situation an. Stellen Sie fest, was sich an einer Situation ändern lässt und was nicht.

Grübeln Sie nicht über die Ursachen für das Entstehen der Situation nach. Machen Sie sich nicht ständig Gedanken über ein mögliches eigenes Verschulden.

Fragen Sie sich nicht dauernd, was Sie anders hätten machen müssen. Kein Mensch kann immer richtig und zweckmäßig handeln.

Belastungen ertragen

- Nehmen Sie die Situation an.
- Verschwenden Sie keine Gedanken an Schuld.
- Tun Sie gegen die Belastung, was in Ihrer Macht steht:

    Eventualpläne für zukünftige Entwicklungen

    Vorbeugende organisatorische Maßnahmen

> „Die Last des jetzigen Tages ist leichter zu tragen als angstvolle Gedanken über zukünftige Entwicklungen!"

Konzentrieren Sie sich völlig auf den heutigen Tag.
Laden Sie dem heutigen Tag nicht die Belastungen der zukünftigen Tage auf!

© Günter F. Gross

Konzentrieren Sie sich auf den heutigen Tag

Die Last des heutigen Tages können Sie leichter ertragen als angstvolle Gedanken über das, was noch passieren könnte.

Konzentrieren Sie sich deshalb auf den heutigen Tag. Gestalten Sie ihn zu einem erfolgreichen Tag. Geben Sie ihm an Konzentration und Aufmerksamkeit das, was er als ein einzelner, selbstständiger Tag benötigt.

Befreien Sie sich von der negativen gedanklichen Verknüpftheit mit dem, was Sie am heutigen Tag nicht angehen oder ändern können.

Konzentrieren Sie sich auf den Augenblick

Er ist der einzige Zeitpunkt, zu dem Sie aktiv handeln können – richtig oder falsch. Der Augenblick ist der Zeitpunkt, der von Ihnen deshalb am meisten Hochachtung und Aufmerksamkeit verdient.

Wenn Sie den einzelnen Augenblick mit Intensität wahrnehmen, dann bündeln Sie Ihre gesamte Konzentration zu einem Laserstrahl.

Sie sind vital präsent. Sie verhalten sich wie beim Einschlagen eines Nagels. Auch da hüten Sie sich davor, ständig nach links oder nach rechts zu blicken. Ihr Daumen wäre Ihnen zu schade dafür.

Viele sind innerlich so unruhig und voller Hektik, dass sie unfähig sind, sich mit ihrer gesamten Energie auf den Augenblick zu konzentrieren. Sie führen ihr Leben mit flackernden Augen. Sie konzentrieren sich nicht auf den Punkt, sondern schielen in die Vergangenheit oder Zukunft.

Sie verhalten sich nicht wie ein Scheinwerfer oder Strahler. Ihr Verhalten ist diffus. Ihre Energie wird verzettelt. Sie mindern damit ihren Erfolg.

Achten Sie den Augenblick!

Leben Sie nach dem

Laser-Prinzip

Gebündelte Energie
Konzentrierte Zuwendung
Vitale Präsenz

© Günter F. Gross

Eine der wichtigsten Strategieregeln lautet: »Konzentrieren Sie alle Ihre Kräfte auf den entscheidenden Punkt!«

Nur wenn Sie sich auf den Augenblick konzentrieren, liefern Sie einem Partner ein Höchstmaß an qualitativer Zuwendung. Nur wenn Sie sich jetzt auf das Jetzt konzentrieren, sind Sie fähig zuzuhören. Nur so wirken Sie wirklich auf den anderen.

Die Vorteile der Fähigkeit, sich ganz und gar dem Augenblick zu widmen, sind enorm. Sie werden damit furchtlos und gelassen. Für Sie existiert im Augenblick nur der Augenblick. Es kümmert Sie nicht mehr, was vorher war. Sie sind gedanklich nicht ständig dabei, zu überlegen, was in der Zukunft alles passieren könnte. Sie erlauben Ihren Gedanken nicht, wie wild gewordene Affen hin- und herzuspringen. Sie verhalten sich geistig diszipliniert.

Mit Ihrer Konzentration auf den Augenblick geben Sie ein ungewöhnliches Maß an Kraft weiter an den anderen. Ihr Partner sieht sich für voll genommen. Er merkt, dass Sie bei ihm sind. Das ist es, was Ausstrahlung begründet. Charisma ohne die Fähigkeit, sich völlig dem Augenblick zuzuwenden, gibt es nicht. Sie können nicht vital wirken, wenn ein Teil Ihrer Energie dem Augenblick entzogen und für die Vergangenheit oder Zukunft tätig ist.

Wenn Sie es schaffen, sich auf das zu konzentrieren, was jetzt Kraft und Aufmerksamkeit verlangt, kehrt innere Ruhe bei Ihnen ein.

Sie übersehen nichts. Sie sind präsent. Sie verhalten sich in diesem Augenblick professionell. Sie vermeiden Fehler und Unfälle. Sie sind nicht nur körperlich da, sondern auch geistig. Wenn Sie es nicht schaffen, sich auf den Augenblick zu konzentrieren, dann sind Sie als Zombie am Werk.

Die Intensität, mit der Sie leben, ergibt sich daraus, dass Sie selbst bei der kleinsten Tätigkeit voll da sind. Wenn Sie den Augenblick nicht achten, haben Sie keine Achtung vor Ihrem Leben.

Lassen Sie sich nicht lähmen von negativen Gedanken

Kein Problem können Sie dadurch leichter lösen, dass Sie sich Sorgen machen. Sorge ist kein erfolgsverursachender Beitrag. Ständige Besorgtheit macht Sie nicht stärker. Positive Gedanken tun es. Sorgen bringen gar nichts.

Machen Sie sich nicht ständig Gedanken über Ereignisse, die Sie nicht ändern können. Über das, was nicht zu ändern ist, sollten Sie aufhören zu grübeln. Beziehen Sie gegenüber solchen Ereignissen und Situationen eine klare philosophische Stellung.

Sorgen Sie sich nicht prophylaktisch. Bedenken Sie nicht ständig voller Unruhe, was möglicherweise passieren könnte. Es gibt viele kreative Persönlichkeiten, die ständig mit sorgenvollen Vorstellungen zum Thema:»Was könnte alles passieren?« ihre Lebensqualität und die ihrer Angehörigen zerstören.

Die Lage wird dadurch, dass Sie sich selbst belasten, nicht besser. Im Gegenteil!

Lassen Sie sich nicht von Ihrer Fantasie in Katastrophenstimmung bringen. Dramatisieren Sie mit Ihrer Vorstellungskraft nicht die möglichen negativen Auswirkungen einer Situation. Häufig treten die von Ihnen erwarteten negativen Folgen nicht ein oder aber nur in einer Größenordnung, die in keinem Verhältnis zu Ihrer vorherigen Besorgtheit steht.

Kontrollieren Sie Ihre Gedanken. Negative Gedanken ändern die Lage nicht. Gerade Ihre Aufgabe ist es, Kraft auf andere zu übertragen. Also dürfen Sie nicht zulassen, dass negative Gedanken Ihnen die Kraft stehlen.

Nehmen Sie Schwierigkeiten und Belastungen als einen Normalbestandteil Ihres Lebens.

Hier sind zum Thema »Sorgen und Belastungen« einige Sätze aus der Abschiedsrede von Präsident Richard Nixon, die er in Washington am 9. August 1974 hielt:

»Ich habe noch ein anderes Zitat gefunden, als ich in meiner letzten Nacht im Weißen Haus las, und dieses Zitat handelt von einem jungen Mann. Er war ein junger Anwalt in New York. Er hatte ein bildschönes Mädchen geheiratet, sie hatten eine süße Tochter und dann plötzlich starb sie. Und dies ist, was er schrieb. Es stand in seinem Tagebuch.

Er schrieb: ›Sie war bildschön von Angesicht und Figur und noch schöner war ihr Geist. Sie wuchs wie eine Blume auf und wie eine heitere Blume starb sie. Ihr Leben war stets in Sonne getaucht und nie traf sie eine einzige schwere Sorge. Da war niemand, der sie kannte und der sie nicht liebte und verehrte wegen ihres heiteren und sonnigen Gemüts und ihrer heiligen Uneigennützigkeit. Heiter, rein und fröhlich als junges Mädchen, liebevoll, zärtlich und glücklich als junge Ehefrau.

Gerade als sie Mutter wurde, als ihr Leben anzufangen schien und sie so viele strahlende Jahre vor sich sah, ereilte sie der Tod durch ein seltsames und schreckliches Schicksal. Und als das für mich Liebste starb, verließ mich für immer das Licht.‹

Das war Teddy Roosevelt, als er zwanzig war. Er dachte, das Licht hätte ihn für immer verlassen – doch er machte weiter. Und er wurde nicht nur Präsident, sondern auch als Ex-Präsident diente er seinem Land, immer in der Arena, stürmisch, stark, manchmal falsch, manchmal richtig, doch er war ein Mann.

Und wenn ich jetzt gehe, dann möchte ich Ihnen sagen, dass wir alle uns dieses Beispiel vor Augen halten sollten. Wir denken manchmal daran, wenn Dinge passieren, die so nicht hätten passieren dürfen. Wir denken daran, wenn wir das Juraexamen beim ersten Mal nicht bestehen – ich kam durch, doch ich hatte Glück; meine Arbeit war so schlecht, dass der Prüfer sagte: ›Wir müssen den Kerl einfach bestehen lassen.‹

Wir denken daran, wenn ein uns lieber Mensch stirbt, wir denken daran, wenn wir eine Wahl verlieren, wir denken daran, wenn wir eine Niederlage erleiden – dann denken wir, dass alles zu Ende ist.

Wird auch nur <u>eine</u> Schwierigkeit dadurch gelöst, dass Sie sich Sorgen machen oder die Laune verderben?

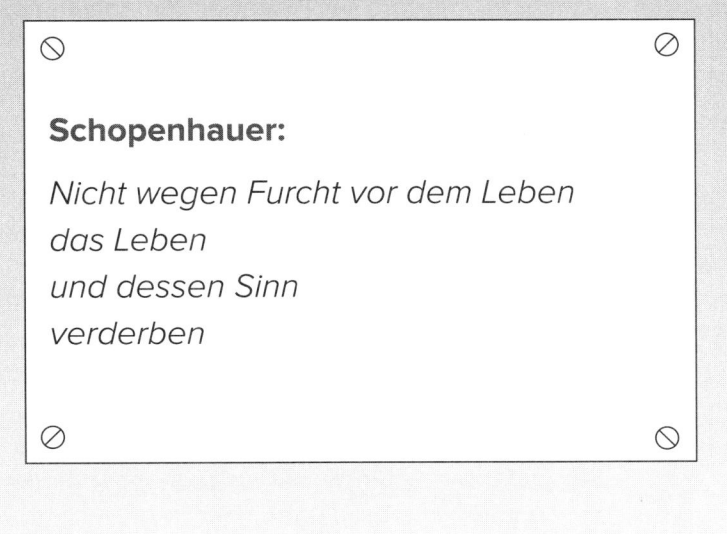

Schopenhauer:

Nicht wegen Furcht vor dem Leben
das Leben
und dessen Sinn
verderben

© Günter F. Gross

Wir denken, wie Teddy Roosevelt sagte, dass das Licht uns für immer verlassen hat.
Das ist nicht wahr. Es ist nur ein Anfang, immer wieder. Die Jungen müssen es wissen; die Alten müssen es wissen. Es muss uns immer Kraft geben. Denn Größe kommt nicht, wenn die Dinge für dich immer in Ordnung sind. Doch Größe kommt, und du bist wirklich gefordert, wenn du einige Schläge hinnimmst, einige Enttäuschungen, wenn Traurigkeit kommt, denn nur wenn du im tiefsten Tal gewesen bist, kannst du überhaupt wissen, wie herrlich es ist, auf dem höchsten Berg zu stehen.«

Sehen Sie nicht nur die Probleme

Registrieren Sie nicht nur mit großer Wachheit die Schwierigkeiten, die Behinderungen, die Mängel und die Fehler. Halten Sie endlich einmal fest, was hervorragend läuft und wofür Sie dankbar sein sollten. Machen Sie eine Liste des Positiven.

Haben Sie mehr Erbarmen und Nachsicht mit sich selbst. Sehen Sie endlich das, was Sie geschaffen haben, was Sie darstellen und was Sie für andere leisten. Nehmen Sie Ihre eigenen Leistungen zur Kenntnis. Seien Sie stolz auf Ihre Historie. Loben Sie sich für Ihre Leistungen und beschenken Sie sich für Ihre Leistungen. Gönnen Sie sich selbst mehr. Treiben Sie sich nicht so erbarmungslos an. Stellen Sie sich neben sich, lächeln Sie sich an, kneifen Sie ein Auge zu und lachen Sie beide laut gemeinsam.

Sehen Sie vor sich nicht nur das, was Sie *noch nicht* geleistet haben. Sehen Sie nicht nur Ihr Potenzial an Leistungsfähigkeit, das Sie »leider« noch nicht ausgeschöpft haben. Freuen Sie sich über die Existenz eines so großen Vorrats an Möglichkeiten.

Lassen Sie sich leiten vom Prinzip des »*erledigungslosen Lebens*«. Sie werden nie alles erledigt haben. Sie werden nie fertig sein. Fertig sind Sie nur am Ende des Weges. Auf dem Weg selbst gibt es keine Perfektion.

Es besteht ein Unterschied zwischen Professionalität und Sorgfalt auf der einen und Perfektion auf der anderen Seite. Das Kennzeichen der Perfektion ist, dass sie nicht »fertig«zubringen ist.

Auch Belastungen sind nicht perfekt und in diesem Sinne endgültig. Belastungen haben Epochencharakter. Seien Sie überzeugt davon, dass jede Belastungsepoche irgendwann einmal völlig endet. Es gibt das Ende des Tunnels.

Solange eine solche Epoche besteht, halten Sie ein Ende für kaum vorstellbar. Sie halten es nicht für möglich, dass dieses Problem eines Tages nicht mehr da sein könnte.

Es gibt Situationen, da wachen Sie auf und das Problem ist über Nacht verschwunden. Später, im Rückblick, liegt die frühere Belastung dann wie unter einem Nebel.

Vermeiden Sie Panik und Hysterie

Lassen Sie sich nicht von trivialen Ereignissen erregen oder umwerfen. Denken Sie bei solchen Ereignissen immer daran, dass Erregung und Aufgeregtheit den »Kleinkariertheits-Koeffizienten« vervielfachen.

Strahlen Sie Ruhe und Souveränität aus. Beschließen Sie, sich nicht von Ihren Emotionen überfahren zu lassen. Erregen Sie sich weniger häufig. Bringen Sie die Hektik aus Ihrem Verhalten heraus.

Achten Sie auf Ihren Gesichtsausdruck, Ihre Gestik und Ihre Sprechweise. Sprechen Sie ruhiger, verhalten Sie sich ruhiger und bedachtsamer.

Analysieren Sie Ihre jetzigen Belastungen und Sorgen

1. Welche sind es?
2. Was können Sie jetzt daran ändern?
3. Was können Sie jetzt nicht ändern?
4. Was ist zu welchem Zeitpunkt änderbar?
5. Was müssen Sie tun, um die einzelne Belastung gegenwärtig leichter zu ertragen?
6. Was müssen Sie tun, um den Zeitpunkt für die mögliche Änderung schneller herbeizuführen?
7. Wie können Sie die Befreiung von der Belastung und den Sorgen mithilfe finanzieller und anderer Mittel leichter erreichen?

Unternehmen Sie so schnell wie möglich etwas gegen Dinge, die Ihnen Sorgen bereiten. Beschaffen Sie sich Informationen, sodass Sie diese Faktoren in der richtigen Größenordnung sehen.

Gehen Sie entschlossen und kaltblütig gegen die negativen Faktoren vor. Setzen Sie die nötige Zeit ein, ausreichende finanzielle Mittel und kompetente Unterstützung.

Ihr Verhalten bei der Lösung von Problemen

Nehmen Sie sich nicht alle Probleme auf einmal zur Lösung vor. Arbeiten Sie mit einem Stufenplan. Delegieren Sie die Erledigung einzelner Probleme an andere. Es gibt eine spezielle Problemlösungs-Industrie. Das sind die Anwälte.

Konzentrieren Sie sich auf eine Arbeit. Vergessen Sie während dieser Arbeit Ihre anderen Sorgen, Probleme und Schwierigkeiten. Vermeiden Sie besondere Belastungen, schwierige Arbeiten und die Diskussion von negativen Themen am Abend.

Höher einschätzen:

- Ihre Veränderungs-Souveränität
- Ihr Veränderungs-Vermögen
- Ihre Veränderungs-Macht
- Ihre Veränderungs-Freiheit

Aufhören mit:

- Selbstfesselung
- Brems-Suggestion
- Eigenlähmung

_____

_____

_____

_____

© Günter F. Gross

Was können Sie komplett selber ändern?

- sofort
- zu folgendem Zeitpunkt

Was können Sie teilweise selber ändern?

- sofort
- zu folgendem Zeitpunkt

© Günter F. Gross

Schaffen Sie Gegenstände aus Ihrem Gesichtsfeld, die Sie an Negatives erinnern. Schleppen Sie keinen Ballast mit sich herum. Erleichtern Sie Ihr Marschgepäck. Achten Sie besonders auf Ordnung, Übersicht und Sauberkeit.

Halten Sie sich gedanklich nicht ständig an diesem einen negativen Frontabschnitt auf. Es gibt andere Fronten, an denen alles gut läuft. Besuchen Sie gedanklich auch diese einmal. Es sind Erholungs- und Erbauungsgebiete.

Zerstören Sie nicht die intakten Teile der Gesamtfront, indem Sie demoralisierende Gedanken über den negativen Frontabschnitt auch auf die positiven Gebiete zerstörerisch einwirken lassen. Konzentrieren Sie sich darauf, das zu fördern, was in Ordnung ist. Vernachlässigen Sie es nicht wegen eines negativen Teilgebietes.

Entfernen Sie negative Begriffe und Formulierungen aus Ihrem Sprachschatz. Es gibt den negativen Zukunftstyp mit der Formulierung »Es könnte ...« und den negativen Vergangenheitstyp »Wir hätten ...«.

Gewöhnen Sie sich daran, positive Formulierungen zu verwenden. Trennen Sie sich von Formulierungen, mit denen Sie den kommenden Inhalt negativ etikettieren: »Es könnte, wir hätten, ich fürchte, ich sehe da ein Problem, das wird nie funktionieren, es hat alles ohnehin keinen Zweck!«

Erzählen Sie nicht ständig negative Geschichten. Klagen Sie nicht beständig über die negative Lage und die vorhandenen Probleme. Beklagen Sie sich nicht. Machen Sie keine Vorwürfe. Jammern Sie nicht.

Reden ist kein Ersatz für Handeln

Treffen Sie endlich die nötige Entscheidung und setzen Sie diese entschlossen durch. Verzichten Sie nicht deshalb auf einen Entschluss, weil jede mögliche Lösung auch negative Folgen hat. In dieser Welt gibt es keine Lösungen, die ausschließlich positive Auswirkungen haben.

Was wie ein riesiger Arbeitsberg vor Ihnen aussieht, ist kein Berg, sondern eine Fata Morgana. Dieser Berg hat mit Arbeit nichts zu tun. Er sieht wie ein Arbeitsberg aus und ist in Wirklichkeit ein *Entscheidungstal*.

Wenn Sie die nötige Entscheidung getroffen haben, wird der Arbeitsberg zu einem Hügel. Machen Sie sich also nicht vor, dass eine Riesenarbeit auf Sie wartet und dass nur der Zeitmangel Sie daran hindert, diesen Berg zu bewältigen. Ein solcher Kommentar ist eine Ausrede und ein Alibi.

Es ist nicht der Zeitmangel, der Sie daran hindert, das Problem zu lösen. Es ist der Mangel an Entschlusskraft. Der entschlossene Schritt in die richtige Richtung ist die halbe Arbeitsbewältigung.

Erhalten Sie sich Ihre Schwungkraft. Verharren Sie bei Belastungen nicht in Lähmung. Stehen Sie auf und bewegen Sie sich. Arbeiten Sie. Aktivität und Konzentration lenken Sie gedanklich vom Negativen ab.

Der Begriff der »Cleverness« löst unangenehme Vorstellungen aus. Er entspricht dem Fahren um die Kurve auf zwei Rädern. Es könnte jedoch sein, dass es einen Zweck gibt, der die Mittel heiligt. Für eine Aufgabe können Sie nicht »clever« genug sein. Das ist die Aufgabe, sich eine heitere Stimmung zu verschaffen. Hier sollten Sie mit allen Mitteln arbeiten.

Was verändert Ihre Stimmung schlagartig positiv? Welcher Gesprächspartner schafft das? Welche Tätigkeit bringt Sie in die richtige Stimmung?

Sie brauchen ein aktives Stimmungsmanagement. Stimmung liefert Ihnen die Kraft und den Elan, Hindernisse zu bewältigen. Wie Sie im Einzelnen vorgehen können, um sich eine positive Stimmung zu erhalten oder zu schaffen, erfahren Sie in dem Kapitel über das »Antiärger-System«.

Befreien Sie sich während einer starken Belastungsperiode von allen nicht unbedingt nötigen Verpflichtungen. Lernen Sie gerade in dieser Zeit das entschlossene Neinsagen. Vermeiden Sie in einer solchen Periode alle nicht notwendigen Änderungen Ihrer Arbeitsroutine und Ihres Routineumfeldes.

Mobilisieren Sie, um gegen die anstehenden Belastungen kämpfen zu können, zeitliche und kräftemäßige Reserven. Hören Sie in solchen Zeiten auf, sich überall einzumischen und überall dabei zu sein.

Konzentrieren Sie sich auf die lebenswichtigen wenigen Aktivitäten und vergessen Sie die trivialen vielen. Wenn Sie das nicht tun, verbleiben Ihnen keine Zeit und Kraft mehr, um die jetzigen Straßensperren abzubauen.

Erhöhen Sie entschlossen Ihre Fitness

Legen Sie hierfür ein Wochenprogramm fest. Je mehr Sie körperlich verkraften können, umso mehr können Sie auch emotional ertragen.

Essen Sie planvoll und langsamer. Schlafen Sie ausreichend. Machen Sie Entspannungsübungen. Lassen Sie sich von Ihrem Arzt beraten und betreuen.

Starten Sie mit der Kraft- und Stimmungsversorgung an der Peripherie. Wirken Sie auf sich positiv von außen nach innen. Kleiden Sie sich mit größter Sorgfalt. Gehen Sie zu einem besseren Coiffeur. Verbessern Sie Ihre Gesichtsfarbe. Ein gebräuntes Gesicht im Spiegel wirkt weniger sorgenvoll und demotivierend.

Verbessern Sie Ihre Stimmung mit den Machtmitteln der Musik. Tun Sie mehr Dinge, die Ihnen persönlich Freude bereiten.

Achten Sie in sorgenvollen Situationen besonders auf Ordnung, Übersicht und Sauberkeit. Gerade dann ist Disziplin in äußeren Dingen von Bedeutung.

Welche Personen und Tätigkeiten motivieren Sie?

Machen Sie eine Liste der Personen und Tätigkeiten, die eine bedeutende motivierende Wirkung auf Sie haben. Widmen Sie sich diesen Personen und Tätigkeiten.

Gönnen Sie sich Pausen und Luxus. Lassen Sie sich massieren und kosmetisch behandeln.

Tun Sie das alles ohne schlechtes Gewissen. Die Personen, die Sie mögen, haben nichts davon, wenn es Ihnen schlecht geht. Die Personen, die Sie nicht mögen, sollten nicht glauben, dass es Ihnen schlecht geht.

Erziehen Sie sich Tag für Tag mit Entschlossenheit zu heiterer Gelassenheit. Fragen Sie sich nicht immer, was Ihnen alles passieren könnte. Überlegen Sie mehr, wie viel Sie gegen die Hindernisse und Schwierigkeiten unternehmen können.

Als Grundsatz der hohen Strategie gilt: »Sehr langfristig betrachtet, zählt nichts – gar nichts!« Das klingt resigniert, stimmen tut es trotzdem. Es ist das Grundgesetz der menschlichen Existenz.

Halten Sie sich zurück

Gehen Sie ein Minimum an Verpflichtungen ein. Legen Sie Grundsätze der *Kontaktstrategie* fest. In der Kontaktstrategie stellt man sich die Frage nach der Sinnhaftigkeit und Intensität von Partnerschaften.

Halten Sie sich von bestimmten Personen weit entfernt. Machen Sie eine Liste der unnötigen Kontakte, die Ihnen nichts anderes bringen als sinnlose, belastende Verpflichtungen. Lassen Sie sich nicht fahrlässig in Verpflichtungen hineindrängen. Das wird Ihnen gegenüber häufiger mit Unterwanderung als mit Druck versucht.

Laden Sie sich keine Belastungen auf, die sich aus falsch gewählten Partnerschaften ergeben.

Machen Sie einen großen Bogen um vielversprechende Projekte, von denen es heißt, dass sie ohne großen Aufwand zusätzlich nebenher zu bewältigen sind. So etwas gibt es nicht. Es ist eine Erfahrungstatsache: Was Sie ohne Mühe und Kosten nebenbei verdienen können, müssen Sie später am teuersten bezahlen! Wer Ihnen große Erfolge ohne Mühe und Belastungen verspricht, ist ein Schelm. Meist ist er noch mehr.

Mischen Sie sich weniger ein. Ziehen Sie sich eher zurück, als überall dabei zu sein. Delegieren Sie mehr. Fühlen Sie sich nicht für alles verantwortlich. Übernehmen Sie nicht die Gesamtverantwortung für den Planeten Terra.

Studieren Sie Ihre Notizbücher und Aufzeichnungen aus früheren Jahren. Dann werden die vergessenen Sorgen und Belastungen vergangener Zeiten wieder gegenwärtig. Sie werden sich erinnern an die damaligen Befürchtungen und die emotionale Situation, in der Sie waren.

Sie werden Paradebeispiele dafür finden, wie sinnlos es ist, über Belastungen und Sorgen außer Rand und Band zu geraten, in Panik zu verfallen und sich die Stimmung zu verderben. Gegenüber dem, was Sie bereits hinter sich haben, wird das, was gerade ist, wahrscheinlich wenig sein.

Wenn Sie gegenwärtig mit einem großen Hindernis zu kämpfen haben, dann ist der Wunsch groß, eine ebenso gewichtige Gegenmaßnahme zu finden. So etwas wird kaum jemals möglich sein. Auf der einen Waagschale liegt das Hindernis, aber das *eine* große gesuchte Gegengewicht für die andere Waagschale gibt es nicht. Die Möglichkeit, die Ihnen verbleibt, ist ein *Maßnahmenmosaik*. Die Lösungsmöglichkeit ist, wie immer, Fleiß und Ideenreichtum im Detail.

Lassen Sie sich von Freunden helfen

Ertragen Sie Belastungen leichter mithilfe von Freunden. Es sind Freunde, die Ihnen dabei helfen, Schicksalsschläge zu ertragen und zu überwinden. Freunde können Sie über die Brücke an das andere Ufer bringen und Ihnen nach Schicksalsschlägen bei der Heilung Ihrer Wunden helfen.

Freunde können Sie mit den geeigneten Worten aus dem Zustand der reinen Emotionalität herausholen und Ihnen die Fähigkeit zum rationalen Denken zurückgeben. Freunde können Ihre Grundstimmung verbessern und Sie von der Fixiertheit auf Ihre Sorgen befreien.

In diesem Sinne sind Freunde so wichtig wie eine Lebensversicherung. Berücksichtigen Sie das und pflegen Sie sorgfältig die Beziehung zu Ihren Freunden. Im beruflichen Bereich beginnt man, die Bedeutung der professionellen Wahrnehmung von Funktionen auf der Beziehungsebene zu erkennen. Beziehungspflege-Management ist der Oberbegriff hierfür.

BELASTUNGEN UND SORGEN OHNE DEMORALISIERUNG BEWÄLTIGEN   149

**Ein
Hindernis**

**Gesucht:
eine Gegen-
Maßnahme**

?

**Ein
Hindernis**

**Möglich:
ein Maßnahmen-
mosaik**

Fleiß und Ideenreichtum im Detail!

© Günter F. Gross

Das Günter F. Gross-Antiärger-System

Die Erhaltung Ihrer Stimmung und psychischen Energie

Sie erinnern sich: »Ihr Lebenserfolg manifestiert sich in dem, was Sie denken und fühlen.«

Das, was Sie denken und fühlen, ist abhängig von der Art und Weise, in der Sie mit Ihren persönlichen Ressourcen umgehen. Bei ständiger Knappheit an Ressourcen geht es Ihnen schlechter, als wenn Sie über Reserven verfügen oder aus dem Vollen schöpfen können. Das ist eine Binsenweisheit.

Ressourcen, an die man sofort denkt, sind finanzielle Mittel und Zeit. Sie sind wichtige Faktoren für Ihren privaten und beruflichen Erfolg. Es sind auch die entscheidenden Ressourcen, mit denen sich jeder von uns intensiv beschäftigt. Insbesondere über die Sicherung des richtigen Einsatzes finanzieller Mittel machen wir uns Gedanken.

Für den Umgang mit Geld und Zeit besitzen wir ein umfangreiches Repertoire an Grundsätzen, Methoden und Werkzeugen. Wir verfügen über eine Finanzplanung und eine Zeitplanung. Wir haben Sicherungssysteme, mit denen wir verhindern, dass unser Geld und unsere Zeit einfach unbemerkt und sinnlos verschwinden.

Völlig anders sieht es bei zwei weiteren Ressourcenarten aus, die für Ihren Lebenserfolg eine mindestens ebenso große Bedeutung besitzen wie Geld und Zeit. Bei diesen Ressourcen handelt es sich um *Ihre psychische Energie* und *Ihre Stimmung*.

Kein Mensch würde sein Geld und seine Zeit so fahrlässig und reaktionslos davonfließen lassen, wie er es bei seiner psychischen

Energie und Stimmung zulässt. Im Hinblick auf diese beiden Faktoren herrscht im Verhalten der meisten ein nicht verständliches Maß an Inaktivität und Fatalismus.

Wahrscheinlich liegt das daran, dass der Sinn für die Notwendigkeit, auch hier entschlossen tätig zu werden, vor allem aber auch die Kenntnis der Machtmöglichkeiten zu gering ausgeprägt sind.

Zu den größten Vernichtern Ihrer psychischen Energie und Ihrer Stimmung gehört der tägliche Ärger. Hier sollten Sie ansetzen. Als Hilfe dafür finden Sie in diesem Kapitel ein hervorragend funktionierendes Antiärger-System. Es ist das System für Ihr persönliches Stimmungsmanagement. Stimmungsmanagement bedeutet aktive Förderung und Erhaltung Ihrer Stimmung.

Ihre täglichen Stimmungsverluste werden nicht zustande gebracht von Ereignissen, welche die Größenordnung von Schicksalsschlägen haben. Es sind kleine Ereignisse, häufig von einer geradezu lächerlichen Größenordnung, die Ihnen schlagartig die Stimmung nehmen.

Sehen Sie sich den Stimmungswechsel eines Menschen an, der gerade einige Briefbogen zusammenheften will und bei der Bewegung seines Unterarmes feststellt, dass keine Klammern mehr im Hefter sind. Bei manchen Menschen hat man den Eindruck, dass ein plötzlich auftauchendes Hindernis dieser Art sie in die Nähe des völligen Zusammenbruchs treibt. Sie geraten geradezu unter Schock.

Es sind immer wieder die gleichen oder ähnliche Ereignisse, die Ihre Stimmung beeinträchtigen. Es ist nicht das Sortiment tödlicher Gefahren, sondern es sind die vielen kleinen Behinderungen und Behelligungen. Es ist nicht der Erdrutsch, sondern es sind die Bananenschalen auf dem täglichen Weg.

Das Wesen eines Menschen, seine stimmungsmäßige Grundhaltung, aber auch sein Aussehen werden weniger stark von Schicksalsschlägen beeinträchtigt als von der Unfähigkeit, eine Philosophie und ein System für die Vermeidung des Ärgers und den klugen Umgang mit Ärger zustande zu bringen.

Wenn Sie Ihr Leben, und das ist zu einem großen Teil Ihre Stimmung, erfolgreich gestalten wollen, wenn Sie sich von den Ereignissen der einzelnen Tage nicht im Laufe der Zeit verbiegen lassen wollen, wenn Sie den Sinn des Lebens nicht verderben wollen, dann brauchen Sie ein System, um mit dem Ärger fertig zu werden.

Ärger ist potenziell immer präsent. Er ist eine Begleiterscheinung, mit der Sie leben und umgehen lernen müssen. Sie müssen den Ärger genauso professionell angehen wie berufliche Aufgaben und Herausforderungen.

Sie müssen Ärgerursachen systematisch aufdecken. Das Erkennen solcher Ursachen, die bei Ihnen Ärger auslösen, liefert Ihnen bereits Ideen, um auf eine höhere Ebene der Vermeidung von Stimmungsbeeinträchtigungen zu gelangen.

Die Erforschung und wache Beobachtung von Ärgerursachen zeigt Ihnen, was Sie bisher nicht zweckmäßig gestaltet haben, was Sie unprofessionell handhaben und was Sie behindert. Sie sehen, wo es bei Ihnen an Grundsatzentscheidungen, Verfahrensweisen, Prävention, Planung, Organisation und Hilfsmitteln fehlt.

Sie werden mit dem Antiärger-System nicht nur heiterer und gelassener, sondern auch professioneller. Der gedankliche Grundsatz dabei lautet: Bisher richtet der Ärger sich gegen Sie. Nun drehen Sie den Spieß um und machen sich den Ärger dienstbar. Bisher waren Sie der Laufbote Ihres Ärgers. Jetzt wird der Ärger Ihr Butler.

Sie handeln also auch auf diesem Gebiet nach einem der erfolgbringendsten Strategeme: »Das Gegenteil ist richtig!«

Das Antiärger-System liefert Ihnen die Konditionierung für ein offensives Handeln.

Wenn Sie Ärger zukünftig vermeiden und auf ärgerliche Ereignisse anders als bisher reagieren, etablieren Sie sich auf einer anderen Stimmungsebene und vervielfachen damit Ihre Realisierungskraft.

Zunehmender Ärger macht Sie zu einem anderen Menschen. Abnehmender Ärger aber auch. Vielleicht werden Sie sogar der Mensch, der Sie einmal waren.

Für Sie selbst, Ihren Ehepartner, Ihre Kinder und Ihre Mitarbeiter könnte das etwas sein, das mehr beglückt als alles andere.

Sie alle werden es kaum glauben können. Auf einmal sind Sie wieder ein Mensch, der nicht ständig unter Druck, gereizt, nervös und besorgt ist.

Weniger Ärger bedeutet für Sie weniger Unruhe und weniger Hetze. Sie befürchten weniger und Sie sorgen sich weniger. Ärger hingegen löst fast immer Befürchtungen aus. Es ist etwas passiert, also werden negative Folgen entstehen. »Was wird sich daraus nun wieder entwickeln? Wie wird sich das auf bestimmte Beziehungen auswirken? Was tut das meiner Reputation an?«

Wenn Sie mit dem Ärger richtig umgehen, verfügen Sie über ein Sortiment von positiven Haupt- und Nebenwirkungen. Eine der Hauptwirkungen ist die Energie- und Stimmungserhaltung. Zu den positiven Nebenwirkungen gehört das geringere Volumen an Befürchtungen.

Eine Stunde intensiver Ärger kostet Sie mehr Energie als zwölf Stunden harte Arbeit. Das ist fatal, denn Ihre psychische Energie wird ohnehin genug beansprucht. Viele wollen von Ihrer Energie etwas abhaben. Viele zehren von Ihrer Substanz.

Es gibt zwei Gruppen von Menschen. Die einen geben, die anderen nehmen. Viele glauben, dass die erfolgreichen Persönlichkeiten sich dadurch auszeichnen, dass sie »haben und nehmen«. Viel wahrscheinlicher ist es, dass ihr besonderes Merkmal darin besteht, dass sie »geben«.

Lassen Sie uns den Ansatz zusammenfassen: Es ist wichtig genug. Sie benötigen ohne den geringsten Zweifel endlich ein Programm für die Erhaltung Ihrer Energie.

Sie brauchen ein weiteres Programm für die Erhaltung Ihrer Stimmung. Sie müssen von jetzt an unnötige Energieverluste verhindern.

Die Hauptursache Ihrer persönlichen Energiekrise ist die ständige Präsenz von Ärgeranlässen. Ärger stiehlt Ihnen nicht nur die Energie und die Stimmung. Ärger gefährdet real auch Ihre Gesundheit. Ärger zerstört Ihre Vitalität. Ärger stiehlt Ihnen die Menschlichkeit und reduziert Sie auf einen disziplinierten Roboter.

Vielleicht haben Sie nicht nur berufliche Zielsetzungen, sondern auch solche, die sich auf Ihre Vitalität, Ihre physische Kraft und Ihren psychischen Zustand beziehen. Vielleicht haben Sie die Zielsetzung: »Biologisches Alter = kalendarisches Alter minus fünf Jahre«. Wenn das so ist, dann haben Sie mit dem Antiärger-System ein Instrument, das Ihnen dabei hilft, dieses Ziel zu erreichen.

Ärger ist das Schlucken von Gift

Ärger ist Stimmungsselbstmord. Wenn Sie sich täglich ärgern, machen Sie täglich eine Salzsäurekur. Ärger hat unglaubliche Auswirkungen. Was ein bescheidener, kleiner negativer Anlass zustande bringt, lässt sich nur bewundern. Es kreißt eine Maus und ein Berg wird geboren. Eine Auswirkung im Wert von 3 Euro kann einen Menschen einen Tag in Atem halten. Es braucht nur die kreative Gehässigkeit eines bestimmten Intimfeindes dahinterzustehen.

Eine giftige Nebenbemerkung, geliefert von einem professionellen Säurelieferanten mit einem Zeitaufwand von fünf Sekunden, kann den Empfänger zwei Stunden arbeitsunfähig machen.

Ärger wirkt in alle Richtungen. Ein Ärgernis ist eine Rakete, die viele Sprengköpfe auf die Reise schickt und ein beeindruckendes Sortiment von Folgen hinterlässt.

Enorm sind die Wärmeverluste, die Ärger bewirkt. Welche Energie könnten Sie privat und beruflich sparen, wenn es Ihnen gelänge, den täglichen Ärger aus Ihrem Leben hinauszubefördern?

Wie würde Ihr Umgang mit denen aussehen, die Ihnen am nächsten stehen? Was könnten Sie für deren Lebensqualität tun, wenn Sie sich selbst weniger ärgern würden?

Von dieser Seite her betrachtet ist es schlichtweg nicht zu fassen, warum es viele immer noch zulassen, dass sie tagtäglich neu vergiftet werden. Dabei ist Vergiftung wörtlich zu nehmen. Sie brauchen nur an den Adrenalinstoß zu denken, der, vom Ärger bewirkt, in Ihr biologisches System hineinfährt.

Ärger lähmt Sie. Das Pfeilgift der Amazonas-Indianer »Curare« ist nichts dagegen. Im Sortiment der Giftpfeilarten ist Ärger der *königliche Giftpfeil*.

Ärger zerstört Ihre Arbeits- und Leistungsfähigkeit. Er hindert Sie am Vorankommen und macht es Ihnen schwerer, Ziele zu erreichen.

Gelöst und zufrieden fühlen Sie sich nur, wenn Sie mit der Arbeit vorankommen. Ärger aber lässt Arbeitsberge bestehen. Ärger verschafft Ihnen damit den Hauptbelastungsfaktor: »Unerledigte Arbeit«.

Ärger stiehlt Ihnen Ihre Ausstrahlung. Kein Mensch, der sich ärgert, verfügt über Charisma. Dieses ist nur dann da, wenn Sie heiter und gelassen sind, in sich selbst ruhen und aus sich selbst heraus handeln. Ärger aber bringt Sie außer sich. Ärger nimmt Ihnen die festliche Beleuchtung und reduziert Sie auf die Wirkung der Notbeleuchtung eines Kellerganges. Er produziert Pessimismus und stiehlt Ihnen die Souveränität.

Ärger ist ein Couturier, der als Dessin nur die Kleinkariertheit kennt. Ärger webt ein negatives Image. Er bewirkt ein Verhalten, das die Reputation schädigt.

Ärger macht es Ihnen schwerer, andere zu führen, zu ermutigen und zu unterstützen.

Wie können Sie andere bewegen, wenn Ärger an Ihnen hängt wie Beton an den Füßen ehemaliger Mitarbeiter der Mafia?

Ärger nimmt Ihnen die innere Ruhe

Er senkt Ihre Reizschwelle. Er sorgt dafür, dass kleine Anlässe Sie leichter umwerfen. Er verengt Ihr Bewusstsein und macht Sie kurzsichtig oder blind. Er mindert Ihr Urteilsvermögen, führt Sie zu Fehlern und verursacht neuen Ärger.

Ärger

ist das
Schlucken
von Gift

Stimmungs-
selbstmord
auf Raten

Die tägliche Salzsäurekur

© Günter F. Gross

Ärger lenkt Sie ab

Er macht Sie nervös, hektisch und fahrig. Er nimmt Ihnen die Konzentration und stiehlt Ihnen die Kraft für eine entspannte Kommunikation.

Ärger macht Sie disziplinlos. Er raubt Ihnen die Sicht für Prioritäten, Rang- und Bedeutungsunterschiede.

Sie werden das Objekt von Gefühlen. Sie marschieren los, ohne erst einmal nachzudenken und ohne zu planen. Ärger entlässt Sie als Spieler und degradiert Sie zum Spielball. Der Ärger tritt und jagt Sie über das Spielfeld. Aus Menschen macht Ärger Marionetten. Er lässt die Puppen tanzen.

Ärger treibt Ihr Blut aus dem Gehirn in die Muskeln

Sie können also auf einmal enorme Sprünge machen. Sie wissen nur nicht, wohin? Es fehlt Ihnen die Planungskapazität im Kopf. Sie sind kraftvoll unterwegs, jedoch ohne Sinn und Ziel.

Ärger stiehlt Ihnen die Zeit

Sie explodieren und brauchen manchmal Stunden, um sich im wahrsten Sinne des Wortes wieder zu sammeln (einzusammeln). Ärger lässt Ihnen keine Zeit mehr, keine Aufmerksamkeit und keine Kraft für das, was am heutigen Tage wirklich wichtig ist. Ärger trennt Sie vom Bedeutungsvollen. Er zertrümmert Ihnen den Tagesplan.

Ärger stiehlt Ihnen die Fröhlichkeit

Er nimmt Ihnen das, was den Menschen vom Tier unterscheidet. Er macht Sie bissig.

Analysieren Sie die Entwicklung Ihrer Stimmung

Machen Sie eine Gewinn- und Verlustrechnung, die sich auf Ihre Stimmung bezieht. Stimmung ist ein knappes Gut, wie Geld. Gute Stimmung ist häufig noch knapper.

Denken Sie an die Bedeutung des Rechnungswesens, wenn es um Ihre finanziellen Mittel geht. Das Repertoire von Grundsätzen, Methoden und Werkzeugen, das zur Beobachtung des Fließens von Geldströmen eingesetzt wird, ist enorm.

Es gibt aber auch ein Rüstzeug, mit dem Sie beobachten können, wohin Ihre Stimmung fließt. Mit diesem Rüstzeug wollen wir uns jetzt beschäftigen.

Jeder von uns weiß: Verlorene Zeit ist nicht zurückzugewinnen. Aber verlorene Stimmung ist es auch nicht. Mit ihr ist ein Teil Ihres Lebens unwiederbringlich verloren gegangen.

Keine Versicherung bietet Ihnen heutzutage an, eingetretene Stimmungsverluste zu erstatten. Wenn Sie eine »*Antiärger-Versicherung*« abgeschlossen hätten, dann würden Sie jeden Tag Schecks von Ihrer Versicherung erhalten. Allein diese Tatsache würde Ihre Stimmung heben. Eines Tages würden Sie dann eine so hervorragende Stimmung haben, dass Sie keine Entschädigung mehr fordern könnten. Dann würde Ihr Ärger wieder losgehen und Sie wären in einer »glücklichen« Lage.

Sie brauchen eine Stimmungsbilanz

Werden Sie sich mit ihrer Hilfe darüber klar, wie viele Stunden am Tag und wie viele Tage im Monat Sie fröhlich, heiter und gelassen sind. Wie viele Tage im Monat sind Sie ohne Unruhe, Hetze, Ärger, Befürchtungen und Sorgen?

Betrachten Sie Stimmung als Eigenmittel. Sehen Sie Ärger als Schulden an. Wie hoch sind Sie verschuldet?

Die Gleichstellung des Ärgers mit Schulden ist keineswegs weit hergeholt. In fast allen Fällen ist Ärger Ihre negative Verknüpfung mit anderen und anderem.

Unsinnige Aktionen

Lassen Sie uns die vernichtenden Auswirkungen des Ärgers weiter analysieren. Ärger treibt Sie zu unsinnigen Aktionen. Nehmen Sie sich Ihre Terminkalender der letzten Jahre vor. Studieren Sie, wofür Sie Ihre Zeit eingesetzt haben.

Sie werden erkennen, wie viele falsche zeitliche Investitionen, tollkühne und beziehungsvernichtende Offensiven und sinnlose Gefechte von Ärgernissen ausgelöst wurden.

Ärger macht Sie aggressiv

Ärger führt Sie dazu, andere zu verwunden. Ärger macht Sie ungerecht und aggressiv. Wenn Sie sich ärgern, dann greifen Sie an, schlagen zurück, beschuldigen, verletzen und drohen.

Mit Ärger schaffen Sie sich Feinde. Mit Ärger schwächen Sie Ihre Position. Mit Ärger züchten Sie weiteren Ärger.

Ärger verursacht Kosten

Eine Analyse der in einer Organisation vom Faktor Ärger verursachten Kosten würde unglaubliche Ergebnisse zutage bringen.

Ärger bringt Sie um Aufträge, Kunden und Mitarbeiter. Ärger bringt Sie um Zeit und Geld.

1. Wie viel bezahlte Arbeitszeit geht ärgerbedingt pro Tag verloren?

2. Wie viel Zeit wird innerhalb Ihrer Organisation ärgerbedingt für Kämpfe untereinander eingesetzt?
3. Wie viele Projekte werden behindert und kommen weniger schnell voran?
4. Wie viele Briefe werden wegen ärgerlicher Ereignisse geschrieben? Wie viele Telefonate geführt?
5. Wie viel Zeit geht für die Behandlung von Reklamationen verloren?

Ein Chefarzt befand sich über zehn Jahre in einem Machtkampf mit einem Kollegen. Dieser Machtkampf vergiftete das Leben beider. Im Vordergrund stand nicht mehr ihre Arbeit. Diese wurde routinemäßig erledigt. Im Vordergrund stand das Ärgernis der Existenz des anderen.

Eines Tages wurde einer von beiden krank. Er kam in das Krankenhaus. Am Abend fand er auf seinem Nachttisch einen riesigen Blumenstrauß von seinem Intimfeind. Beigelegt war ein Brief: »Lieber Herr Kollege, was machen Sie für Sachen? Werden Sie ja schnell wieder gesund. Wir brauchen Sie!«

Der Empfänger dieser Zeilen war so gerührt, dass ihm die Tränen kamen. Später sagte er wörtlich: »Im Grunde habe ich es während der gesamten zehn Jahre gewusst, mein Kollege ist in Wirklichkeit einer der außergewöhnlichsten und liebenswertesten Menschen!«

Was für eine negative Kunst der Lebensverschwendung! Jahrelang ein vergiftetes Leben für zwei Menschen. Nur weil keiner von beiden die »Kunst des Friedensschlusses« beherrschte.

Lassen Sie uns auf die Kosten des Ärgers zurückkommen. Kaum eine Kostensenkungsmaßnahme kann so große Ergebnisse bringen wie die Ausschaltung des Ärgers in Unternehmen und anderen Organisationen.

Für den privaten Bereich gilt, dass die Entfernung oder Minderung des Ärgers ein absolut anderes Ehe- und Familienleben zustande bringt.

Stimmungsbilanz

Wie viele Stunden am Tag

Wie viele Tage im Monat

sind Sie fröhlich, heiter und gelassen?

Ohne

Unruhe, Hetze, Ärger, Befürchtungen, Sorgen?

© Günter F. Gross

Ärger treibt Sie in sinnlose Verpflichtungen hinein

Er schickt Sie mit einem gewaltigen Tritt auf die Reise. Das wahre »Kick-off-Meeting« ist das Zusammentreffen zwischen einem Menschen und Ärger.

Nach Ärger nehmen Sie überstürzt Kontakt auf. Sie finden die Situation unerträglich, in die Sie der Ärger hineingebracht hat. Sie versprechen anderen unangemessen hohe Gegenleistungen dafür, dass sie Ihnen in der jetzigen Situation helfen.

Sie vergessen Ihre Zurückhaltung. Ärger stiehlt Ihnen die Vorsicht. Sie offenbaren sich gegenüber anderen in einem Maße, wie Sie es bei kühlem Verstand für nicht möglich halten würden.

Sie geben Geheimnisse preis. Sie äußern sich fahrlässig über andere. Sie geben sich mit dem, was Sie von sich geben, in die Hände und in die Gewalt von anderen.

Sie sprechen mit völlig ungeeigneten Partnern über Themen, die Sie mit diesen Partnern niemals erörtern dürften.

Ärger ist der Feind der Ästhetik

Ärger schafft schlimme Gesichter. Er macht die Lippen schmal, das Gesicht hart und den Magen sauer. Er verringert den Zwischenraum zwischen Hals und Kragen und ruiniert das Aussehen.

Ärger ist eine Infektionskrankheit

Nach kurzer Zeit ärgert sich jeder. Es ist so, als wäre die gesamte Organisation von der Krätze erfasst. Mitarbeiter, die sich ärgern, geben den Ärger potenziert an die Kunden weiter.

Es gibt das Gesetz von der »überproportionalen Weitergabe selbst eingesteckter Stimmungsbeeinträchtigungen«.

Ärger

treibt das Blut aus dem Gehirn
in die Muskeln

Angreifen oder flüchten ...

Ärger

- vernichtet die Stimmung
- lähmt
- macht leistungsunfähig
- lenkt ab
- verengt das Bewusstsein
- macht disziplinlos

=
| treibt Sie zu unsinnigen Aktionen |
| stiehlt Zeit |
| erzeugt neuen Ärger (Anschlussunfälle) |

© Günter F. Gross

DAS GÜNTER F. GROSS-ANTIÄRGER-SYSTEM

Das Ärger-Syndrom

- Lippen schmal
- Mundwinkel
- Teint gelb
- Kragen eng
- Magen sauer
- Geschmack bitter
- Miene versteinert
- Gedanken vergiftet

**Kein schönes Bild –
Kein schönes Vorbild!**

© Günter F. Gross

Kunden lassen sich das negative Verhalten nicht gefallen. Sie reklamieren und liefern den Ärger zurück. In manchen Organisationen gibt es dann einen regelrechten Ärgerkreislauf.

Besonders ärgeranfällig sind die Qualifizierten

Dazu gehören die Ideenreichen und die Professionellen. Sie besitzen mehr Antennen. Deshalb empfangen sie auch mehr Reize. Sie sehen genauer den Unterschied zwischen dem, was sein sollte, und dem, was ist.

Weniger ärgeranfällig sind die Faulpelze, die Dilettanten und die Selbstzufriedenen. Sie sind viel häufiger die Quelle des Ärgers und viel seltener sein Opfer.

Besonders belastungsanfällig und ärgergefährdet wird derjenige, der lange Zeit nur Erfolge hatte. Bereits kleine Rückschläge deprimieren ihn überdimensional. Ihm fehlen Fehlschlagserfahrungen. Er ist an häufige Negativsituationen nicht gewöhnt.

Andere haben es da leichter. Sie besitzen kaum positive Leistungserfahrungen. Sie haben sich ihr Leben lang mit einem gewissen Grad von Fröhlichkeit von einer Panne in die andere bewegt. Sie sind eine ärgerresistente Rasse. Es sind die Ureinwohner von Flop-City.

Wenig ärgerempfindlich sind auch die vollmundigen Gestalten, die sich in den Randbezirken der politischen Landschaft angesiedelt haben.

Ihre verzerrten Züge und ihre eifernde Art scheinen selbst dem Ärger zuwider zu sein.

Ärger bevorzugt den gesitteten Menschen. Den nimmt er sich vor. Der gesittete Mensch benötigt das Antiärger-System. Die Ungesitteten brauchen es nicht. Sie haben einen natürlichen Schutzfaktor.

Antiärger-System

⬇

Stimmungs-management

© Günter F. Gross

Welchen Ärger erdulden Sie bereits viel zu lange?

Bestimmte Ärgernisse sind so präsent, dass Ihnen vielleicht die Fähigkeit abhanden gekommen ist, sich über diese Ärgernisse zu wundern. Ärgernisse dieser Art werden hingenommen wie etwas Selbstverständliches. Sie sind zur Routine geworden. Für Ärgerursachen dieser Art gilt also: »Es gehört etwas Geniales dazu, das Naheliegende zu erkennen!«

Gewinnen Sie für diese Art von Ärger die Fähigkeit zurück, sich darüber zu wundern, dass Sie ihn bisher einfach hingenommen haben.

Bestimmte kleine Affen, die tagtäglich auf Ihren Schultern herumhüpfen, werden nach Jahren zur Normalität. Irgendwann wird es Zeit, dass Sie diese Normalität als Unzumutbarkeit betrachten.

Wenn jeden Tag das gleiche Ärgerlied auf dem Programm steht, dann wird es eines Tages zur Ärgerhymne. Lassen Sie das nicht zu.

Welche Behinderungen, Fehler und Pannen kommen immer wieder vor? Worüber ärgern Sie, Ihre Familienangehörigen und Ihre Kunden oder Partner sich immer wieder? Stellen Sie das mit einer gründlichen Ärgerdiagnose fest.

Welche Personen bewirken immer wieder Ärger? Welchen Ärger verursachen Sie selbst? Wo sind in Ihrem privaten und beruflichen Bereich besondere Risikofaktoren? Welche Schwachstellen, Engpässe und Verlustquellen bewirken Ärger?

Lassen Sie sich von Ihrem Ehepartner, Ihren Kindern und Ihren beruflichen Partnern dabei helfen, solche Risikofaktoren zu identifizieren.

Bestimmte Ärgerursachen erdulden Sie bereits viel zu lange!

Was verursacht Ärger oder ist mit Ärger verbunden?

1. Welche Ereignisse?
2. Welches eigene Verhalten?
3. Welches fremde Verhalten?
4. Welche Person?
5. Welche Tätigkeiten?
6. Welche Geräte?

Verändern? Trennen? Ersetzen?

_____

_____

_____

_____

© Günter F. Gross

STOP ⟶ Ziel

ÄRGER

Ärger entsteht,
wenn Sie
ein Ziel erreichen wollen
und behindert werden:

Sie müssen aber warten.
Die Nummer ist besetzt.
Die Maschine hat Verspätung.
Die Sachen
sind noch nicht fertig.
Er ist nicht da.
Wir haben Betriebsferien.
Es ist kein Taxi frei.

© Günter F. Gross

Was geht Ihnen täglich verloren?

Was nimmt Ihnen der Ärger tagtäglich an Lebensfreude, Energie, Antriebskraft, Zeit und Geld?

Erhalten Sie sich Ihre Leistungskraft. Entwickeln Sie etwas mehr Verantwortungsbewusstsein sich selbst gegenüber. Erhöhen Sie die Anforderungen, die Sie an den Zustand Ihrer Stimmung stellen. Zerstören Sie sich nicht durch ständiges Besorgtsein und Ärgern. Der Zeitpunkt, mit dem Ärgern aufzuhören, ist heute, am besten noch in dieser Minute.

Setzen Sie entschlossen und großzügig Mittel ein, um die Hauptärgerursachen loszuwerden. Geben Sie dafür Zeit frei und Geld. Kaufen Sie sich von permanenten Ärgerquellen frei.

Arzthelferinnen in einer Praxis klagten ihrem Arzt, dass einige Patienten besonders unfreundlich wären. Er ließ das analysieren und stellte fest, dass es sich um wenige Patienten handelte. Das ärgerverursachende Verhalten dieser Personen reichte jedoch aus, um die Stimmung in der Praxis für Stunden zu zerstören.

Bei den Extremfällen dieser »Belaster« entschied sich der Arzt für ein sogenanntes »Exit-Interview«. Er empfahl diesen Patienten mit vollem Verständnis für ihre charakterliche Grundausstattung und mit liebenswürdigen Worten einen anderen Arzt. Was er nicht verriet, war die Tatsache, dass es sich bei diesem Arzt um seinen stärksten Konkurrenten handelte.

Die Vorstellung, eine Truppe von Ärgerproduzenten zukünftig bei seinem Kollegen tätig zu wissen, hob die Stimmung dieses Arztes enorm. Wir haben hier das Beispiel einer besonders wirkungsvollen und natürlich auch extrem anständigen und gesitteten Antiärger-Aktion.

Wenn Sie sich vom Ärger befreien wollen, müssen Sie etwas investieren oder etwas opfern. Das muss nicht immer viel sein. Entschließen Sie sich endlich dazu. Warten Sie nicht länger. Ermitteln Sie den Betrag, den Sie zahlen müssen, um den Ärger loszuwerden.

Zahlen Sie diesen Betrag, denn bestimmte Belastungen und Ärgernisse haben Sie lange genug hingenommen.

Der Lohn erfolgreicher Antiärger-Maßnahmen ist groß

Sie werden wieder eine Quelle des Optimismus. Sie werden jünger. Sie werden fröhlicher. Sie gewinnen Ihre heitere Gelassenheit zurück.

Auf einmal haben Sie mehr Energie. Sie sind weniger gelähmt. Sie haben mehr Freude an Ihrer Arbeit. Für jeden Erfolgreichen und Passionierten ist die Arbeit nun einmal sein Hobby. Sie kann aber nur dann ein Hobby bleiben, wenn die negativen Begleitumstände dieser Arbeit so gering wie möglich gehalten werden. Anders ausgedrückt: Arbeit ist Hobby an sich, aber es gibt Grenzen. Die Grenzen werden bestimmt vom Volumen des mit der Arbeit verknüpften Ärgers und natürlich auch von anderen Faktoren, wie beispielsweise dem Zeitmangel.

Bei weniger Ärger gibt es weniger erhitzte Gemüter. Sie werden mit anderen besser auskommen. Sie schalten Reibungen aus. Sie kommen zu einem besseren Klima der Zusammenarbeit.

Auf einmal besitzen Sie ein neues Kraftpotenzial für das Vorankommen. Sie gewinnen ein Realisierungsvermögen für notwendige Veränderungen. Sie sind fähig, überlegt und professionell zu handeln. Das gilt beruflich und für Ihr Privatleben.

Setzen Sie die Ärgeranalyse fort

1. Was ärgert Sie praktisch täglich?
2. Was stört Sie, reizt Sie und nimmt Ihnen die Stimmung?
3. Was lähmt und deprimiert Sie?
4. Was hindert Sie daran, schneller voranzukommen?

Der Nutzen des Antiärger-Systems

heiterer	gelassener
kreativer	offensiver
mehr Energie	mehr Ausstrahlung
besseres Aussehen	Gesundheit

© Günter F. Gross

Schreiben Sie auf, welche Ärgernisse aufgrund welcher Verbindungen und Verknüpfungen vorhanden sind und voraussichtlich nicht mehr da wären, wenn es diese Verbindungen und Verknüpfungen nicht gäbe.

Welche Ärgernisse ergeben sich fast zwangsläufig aus der Art Ihres Berufes?

1. Welche Ärgernisse stehen im Zusammenhang mit Ihrer Positionshöhe?
2. Welche Ärgernisse existieren, weil Sie auf einem bestimmten Gebiet besonders erfolgreich sind und einen Vorsprung vor anderen haben?
3. Welche Ärgernisse ergeben sich aus der Zusammensetzung Ihres Leistungsspektrums oder Ihres Leistungssortiments?
4. Welche Ärgernisse ergeben sich aus Ihrem Wohnort und aus Ihrer Wohnweise?

Jeder Beruf besitzt seine spezifische Art von Ärger

Jeder Beruf und jede berufliche Position ist mit spezifischen Ärgerarten verbunden. Diese Tatsache müssen Sie anerkennen. Ein spezifischer Ärger gehört zu einem Beruf wie die Berufsbezeichnung oder die spezielle Ausbildung für diesen Beruf.

Es ist wenig ergiebig, sich ständig über den Ärger, der spezifischer Normalbestandteil eines bestimmten Berufes ist, zu erregen. Sie müssen davon ausgehen, dass jeder Beruf von einer besonderen Art von Ärgerwölfen umkreist wird.

Sie können sich damit abfinden, dass diese Wölfe Ihnen nahe kommen. Viel besser aber ist es, wenn Sie machtvolle Präventions-

Antiärger-System

macht den Weg frei,
lässt Sie unbehindert
vorankommen

System
für das Management
Ihrer persönlichen Ressourcen

Zeit

Gesundheit

psychische Energie

Stimmung

Antrieb

Aussehen

© Günter F. Gross

und Reaktionsweisen entwickeln, welche die Ärgerwölfe zwingen, sich weit von Ihnen entfernt aufzuhalten.

Einer der erfolgreichsten Kongressveranstalter Deutschlands wird ständig vom Ärger besucht, weil seine weniger erfolgreichen Mitbewerber bei jedem seiner Kongresse versuchen, ihn um die Teilnehmerlisten und die sorgfältig ausgewählten Redner zu erleichtern.

Über dieses Verhalten kann man sich immer wieder neu ärgern oder irgendwann einmal beschließen, diesen Sachverhalt als Preis des Erfolges zu betrachten.

Sie müssen es als selbstverständlich ansehen, dass der Lohn des Erfolges nicht nur positiv sein kann. Wer erfolgreich ist, wird mit höheren Steuersätzen beschenkt. Das soll allerdings anders werden. Wenn man den Ankündigungen der Politiker Glauben schenken darf, dann wird sich in Zukunft in puncto Steuern einiges ändern.

Wer besonders erfolgreich ist, braucht Leibwächter. Sie dienen seinem physischen Schutz. Jetzt werden noch Leibwächter gegen den Ärger gebraucht.

Ihre Antiärger-Liste

Die Antiärger-Liste ist eines der ergiebigsten Werkzeuge in Ihrem Befreiungsprogramm vom Ärger. Allein ihre Existenz in Ihrer unmittelbaren Nähe demonstriert Ihnen, dass Ärger ein Normalbestandteil Ihres Lebens und Ihrer Tätigkeit sein möchte.

Ein Ärgeranlass nach dem anderen taucht vor Ihnen auf. Im Laufe eines Tages sind es die Mitglieder einer kompletten Straßenbande, die vor Ihnen erscheinen.

Das einzelne Ärgernis erscheint und wartet unverschämt grinsend ab, was jetzt mit Ihnen passiert oder was Sie jetzt mit sich anstellen lassen.

Nehmen wir an, Sie würden das Ärgernis einfach stehen lassen. Sie würden auch nichts mit sich veranstalten lassen. Dann könnten

Die 5 größten Ärgernisse

Was belastet Sie?
Was stört Sie?
Was behindert Sie?
Was ärgert Sie immer wieder?

1. _____
   _____

2. _____
   _____

3. _____
   _____

4. _____
   _____

5. _____
   _____

© Günter F. Gross

Sie mit Blick auf das Ärgernis erklären: »Da steht es nun und singt nicht mehr!«

Legen Sie die Antiärger-Liste vor sich auf den Schreibtisch. Kommt jemand in Ihr Zimmer, dann sehen Sie ihn erst einmal ruhig an und tragen seinen Namen in die Liste, auf der er groß genug lesen kann: »Antiärger-Liste«.

Ein solches Verhalten muss natürlich nicht sein. Aber denkbar wäre es schon. Spaß beiseite, tragen Sie die wirklichen Ärgernisse ein. Überlegen Sie bei jedem Ereignis, was Sie jetzt veranlassen müssten, damit Ärger dieser Art in der Zukunft nicht mehr vorkommen kann.

Erfreulicherweise ist es sehr schwer, ein Ärgernis zu finden, gegen das es keine Präventionsmaßnahmen gibt. Sie werden sehen, dass Ihnen praktisch bei jedem Ärgernis eine Idee für eine vorbeugende Lösung, eine andere Einstellung oder eine andere Reaktion kommt.

Sie werden aber auch staunen, wie viele Eintragungsmöglichkeiten für Ärger Sie im Laufe eines Vormittags finden. Das zeigt, wie weit entfernt Sie häufig noch von Maßnahmen der Prävention sind und welche Möglichkeiten bestehen, auf eine höhere Ebene der Umsicht und Organisiertheit zu gelangen.

Es könnte Ihnen natürlich auch passieren, dass Sie die Antiärger-Liste vor sich liegen haben und sich gar nichts rührt. Um 9.00 Uhr hat sich noch keine Idee für eine Eintragung angeboten. Um 10.00 Uhr ist noch kein Ärger aufgetreten. Das ist natürlich ärgerlich!

Wenn Sie sich die Antiärger-Listen einiger Wochen später durchlesen, werden Sie Folgendes erkennen: Das einzelne Ärgernis, das Sie vor einiger Zeit so erregt hat, ist längst neutralisiert, hat keinerlei Gewalt mehr über Sie und beeinträchtigt Sie emotional überhaupt nicht mehr.

Das liegt nicht nur an der zeitlichen Entfernung dieses Ärgernisses. Ein anderer Grund kann sein, dass viele andere Ärgernisse das frühere längst neutralisiert haben. In diesem Zusammenhang gilt auch das Gesetz: »Größerer Ärger verwandelt kleineren Ärger in ein Nichts!«

Sie werden weiter erkennen, dass das Sortiment der Ärgernisse beeindruckend ist. Sie werden sehen, dass bei jeder Aktivität, bei der Erfüllung einer jeden Funktion und im Zusammenhang mit jeder Person Ärgernisse lauern.

Die positivste Erkenntnis für Sie wird sein, dass Sie mit der Zusammenstellung der Ärgernisse über ein Ideenpotenzial verfügen, das wahrscheinlich größer ist als jedes andere Ideenpotenzial, das Sie mit sogenannten »Kreativmethoden« aufspüren könnten. Die Antiärger-Liste ist und bleibt die *königliche Ideenliste*.

Führen Sie nicht nur selbst eine solche Antiärger-Liste. Bitten Sie auch Ihre Mitarbeiter darum. Mit den Beobachtungsergebnissen haben Sie die Basis für einen anderen Ansatz bei der Motivierung Ihrer Mitarbeiter.

Der normale und konventionelle Ansatz für die Motivierung von Mitarbeitern ist die Frage: »Was können wir unseren Mitarbeitern an Leistungsanreizen und Belohnungen bieten?«

Der Ansatz hingegen, den eine geführte Antiärger-Liste ermöglicht, lautet: »Was können und müssen wir verhindern, entfernen oder ändern, um die *Demotivierung* unserer Mitarbeiter zu beenden?«

In Ihrem Privatleben können Sie im Prinzip genauso vorgehen, wie das für den beruflichen Bereich geschildert wurde. Lassen Sie Ihren Ehepartner und Ihre Kinder Ärgernisse registrieren.

Machen Sie einen Sport daraus. Ernennen Sie jedes Ärgernis zu einer Landmine. Sie und Ihre Familie betreiben dann die Tätigkeit eines Minenräumkommandos. Die Antiärger-Liste ist das Detektorsystem zum Aufspüren der Minen, die einen bisher immer wieder explodieren ließen. Wenn Sie das hier beschriebene System anwenden, wird es in Ihrer Familie weniger häufig knallen.

Ärgervermeidung

Am besten werden Sie mit Ärger fertig, indem Sie vorbeugend vermeiden, dass er entsteht. Betreiben Sie also umsichtig und wach Ärgerprophylaxe. Arbeiten Sie mit Checklisten. Sie brauchen Checklisten für sämtliche Aufgabenarten, wie Reisen, Konferenzen, Gespräche und andere Arbeiten.

Die Checklisten enthalten die Risikofaktoren, die bei solchen Tätigkeiten Ärger bewirken können. Diese Risikofaktoren schalten Sie dann zwangsläufig aus.

Fassen Sie den Entschluss, Ihre Stimmung nachhaltig zu verändern. Gelassenheit können Sie beschließen. Gelassenheit können Sie beginnen. Werden Sie gelassener. Kommen Sie zu einer Philosophie der Ruhe. Programmieren Sie sich positiv. Desensibilisieren Sie sich.

Organisieren Sie sich vor allem besser, auch im Privatleben. Charlie Chaplin sagte nicht umsonst: »Glück ist eine Frage der Organisation!«

Sicher gehört zum Glück mehr als eine gute Organisation. Aber Letztere bringt bereits viel.

Zerstören Sie keinen einzigen Tag

Deklarieren Sie keinen einzigen Tag als einen »schlimmen« Tag: »Das ist heute wieder ein schrecklicher Tag!« Tun Sie das diesem Tag nicht an. Diffamieren Sie ihn nicht. Verletzen Sie ihn nicht in seiner Würde. Kämpfen Sie um die Fröhlichkeitsberechtigung, auf die jeder Tag einen Anspruch hat.

Stellen Sie eher beobachtend fest, was andere heute mit diesem einzigartigen Tag, den es nie mehr geben wird, anstellen wollen: »Schon wieder der Versuch eines Anschlages auf meinen Tag!« Vergessen Sie nicht, es ist Ihr einzigartiger Tag, der nie mehr wiederkehren wird!

Bitte freimachen, falls Marke zur Hand

Antwortkarte

REDLINE Verlag
Nymphenburger Str. 86
D-80636 München

Absende

Name, Vorname

Firma

Straße, Hausnummer

PLZ, Ort

Telefon

E-Mail

Diese Postkarte lag im Buch:

Ich bin auf das Buch aufmerksam geworden durch:

- Internet
- Buchhandel
- Presse
- Freunde/Bekannte/Familie

Sonstiges:

- Sie dürfen mich auch gerne telefonisch kontaktieren
- Ja, ich möchte den kostenlosen Newsletter zu Ihren Highlights, Specials und Sonderangeboten per E-Mail erhalten

Datum / Unterschrift

- Ich erkläre mich damit einverstanden, dass meine freiwilligen Angaben zusammen mit den für die Abwicklung des Geschäftsvorfalls erforderlichen Angaben von REDLINE Verlag, seinen Dienstleistern sowie anderen ausgewählten Unternehmen für Marketingzwecke genutzt werden, um interne Marktforschung zu betreiben und mich über interessante Angebote zu informieren. Sollte ich dies nicht mehr wünschen, kann ich dies jederzeit schriftlich mitteilen.

REDLINE | VERLAG

Ihre Meinung ist uns wichtig!

Welche Themen interessieren Sie am meisten? Kreuzen Sie die folgenden Punkte an und senden Sie die Karte an uns zurück. **Als Dankeschön** für Ihre Antwort erhalten Sie **ein Buch** aus unserem Programm **geschenkt!*** Kreuzen Sie einfach Ihr Wunschbuch rechts in der Auswahl an.

- ○ Wirtschaft & Politik
- ○ Beruf & Karriere
- ○ Marketing & Verkauf
- ○ Management & Unternehmensführung

○ **Mich interessieren besonders diese Themen:** _____

Lust auf mehr Information? Besuchen Sie uns im Internet unter www.redline-verlag.de. Wir freuen uns auf Sie!

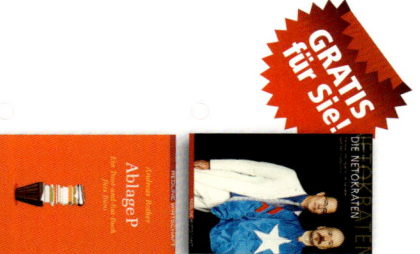

www.redline-verlag.de

*solange der Vorrat reicht

GRATIS für Sie!

DAS GÜNTER F. GROSS-ANTIÄRGER-SYSTEM

Antiärger-Liste

Datum	Ärger	Wie zukünftig vermeiden?

© Günter F. Gross

Ärger-proportionen

Wie oft kommt dieser Ärger vor?

Pro Tag	☐
Pro Woche	☐
Pro Monat	☐

Wie viele Personen verhalten sich so?

Einer von	10	☐
Einer von	100	☐
Einer von	1000	☐

© Günter F. Gross

Der Ärger des Tages

Was?	Ursachen?	Wie zukünftig vermeiden?

Das Positive des Tages

© Günter F. Gross

Beobachten Sie die Entwicklung Ihrer Stimmung

Achten Sie stärker auf die Entwicklung Ihrer Stimmung. Registrieren Sie das Zunehmen einer nervösen Reizbarkeit. Sie können Partnern sagen, dass Sie gerade besonders gereizt sind. Allein das Aussprechen dieser Tatsache reduziert die Reizbarkeit. Sie mag es nicht, wenn man sie erkennt und direkt anspricht.

Ziehen Sie sich kurze Zeit zurück, wenn Ihre Reizbarkeit größer wird. Gehen Sie in Quarantäne, um nicht alle anderen zu infizieren. Kühlen Sie sich erst einmal ab.

Ein bekannter Unternehmer hatte in seinem Büro ein Reck angebracht. Wenn er merkte, dass einer seiner leitenden Mitarbeiter immer gereizter wurde, dann bat er diesen höflich und liebenswürdig, einige Klimmzüge zu machen.

Viele der leitenden Mitarbeiter hatten Übergewicht. Das wirkte erschwerend. Die Reizbarkeit wurde schnell in Atemlosigkeit verwandelt. Das brachte dem Unternehmer einen Zusatzgewinn. Er konnte den geplanten Dialog in der Königsform des Monologes fortsetzen. So einfach ist das, wenn man über das geeignete Werkzeug verfügt.

Ärgern Sie sich nicht zu früh

Ärgern Sie sich nicht vorbeugend. Sie erwarten ein negatives Ereignis. Sie rechnen mit einem negativen Verhalten Ihnen gegenüber. Genau das Gegenteil tritt ein. Sie erwarten Behinderung und Widerstand und bekommen freie Fahrt und offene Arme.

Schade um den schönen Ärger vorher. Schade um die Stunden, die Sie nachts im Bett gesessen haben, Texte produzierten und in Vergeltungsfantasien schwelgten. Kein Anlass, keine Vergeltungsmöglichkeit. Was für ein Trauerspiel!

Ärgern Sie sich nicht vorbeugend!

- Ärgern Sie sich nicht zu früh.

- Sie erwarten etwas Negatives, aber das Gegenteil tritt ein.

- Sie erwarten Behinderung und Widerstand
und bekommen freie Fahrt
und offene Arme.

Schade um den schönen Ärger vorher!

_____

_____

_____

© Günter F. Gross

Ein Geschäftsführer und sein Vertriebschef bereiteten sich auf den Besuch bei einem Kunden vor, der ihnen über Monate die Stimmung verdorben hatte. Ihm gefiel nichts an ihnen und nichts an ihrem Unternehmen. Er kaufte wenig und kritisierte alles.

Die beiden Besucher hatten nach langer Überlegung beschlossen, die Zusammenarbeit zu beenden. Dieser Entschluss machte sie heiter.

Den Fahrplan für ihr Vorgehen hatten sie sorgfältig vorbereitet. Sie würden sich das Lamento des Kunden ruhig und mit beifälligem Nicken anhören. Sie würden ihm zustimmen und dann würden sie ihm sagen: »Wir können Sie gut verstehen. Wir bewundern Ihre Erfahrung und Ihr Urteilsvermögen und wir möchten Ihnen einen Vorschlag unterbreiten, der sicher Ihre Zustimmung findet. Sie haben die Situation hervorragend analysiert. Aufgrund dieser Analyse möchten wir Ihnen vorschlagen, eine kleine Pause in unsere Geschäftsbeziehungen einzulegen. Wir dachten dabei etwa an eine Zeitspanne von 20 bis 30 Jahren!«

Der Besitz dieser Konzeption, besonders aber dieser Formulierungen, entzückte die Besucher heftig. Noch nie hatten sie sich so auf einen unangenehmen Besuch gefreut. Sie kamen an. Sie erkannten ihren bisherigen Partner nicht wieder. Kaum hatte er sie gesehen, bereitete er ihnen mit größter Herzlichkeit einen großen Bahnhof. Er umarmte sie, küsste sie auf die Wangen und sagte: »Es ist ein Trauerspiel, dass wir bisher nicht mehr zusammen gemacht haben. Ihre Qualität, Ihre Preiswürdigkeit, Ihre Zuverlässigkeit haben mich schon immer fasziniert. Lassen Sie uns heute gemeinsam ein großes Werk beginnen. Fangen wir es an!«

Die beiden Besucher waren wie vom Donner gerührt. Hier saßen sie nun mit ihren faszinierenden Texten und konnten diese nicht benutzen. Was nun?

Sie waren Profis, also waren sie flexibel. Sie stellten sich sofort um. Sie verzichteten auf ihren Text und handelten nach der Devise: »Gut, nehmen wir das Geld und verzichten wir auf den Triumph!«

Lösen Sie keinen Streit aus wegen unwichtiger Dinge

Lohnt es sich, um dieses Thema zu streiten? Behandeln Sie keine Themen, wenn sie nichts anderes bringen als Ärger. Manche Themen sind komplette Kriegsschauplätze! Machen Sie keine Vorwürfe, die nichts anderes bewirken als Ärger.

Hier ist der Erfolgsbericht eines Vaters, dem es gelang, sich von einer Ärgerart völlig zu befreien. Er berichtet:

»Seit Monaten habe ich keinen Ärger mit meinem 20-jährigen und mit meinem 22-jährigen Sohn. Früher hatten wir ständig Ärger.

Ich habe meinen Söhnen immer wieder gesagt: ›Kinder, lasst euch die Jeans bügeln, bevor ihr in die Oper geht.

Kinder, ihr habt von eurer Mutter so wunderschöne Haare geerbt. Ihr habt eine so faszinierende genetische Grundausstattung auf diesem Gebiet bekommen. Tut etwas dafür. Geht bitte einmal in die Nähe eines Coiffeurs!‹

Nichts ist geschehen. Schließlich habe ich erkannt, dass meine Machtmöglichkeiten begrenzt sind. Ich kann die beiden nicht ändern. Ich kann mich nur selbst ändern.

Also habe ich meine Kleidung gewechselt. Ich laufe jetzt so herum, dass mich die Clochards als ›Bruder‹ begrüßen.

Meine Haare trage ich so, dass junge Männer in der Bahn aufstehen und mir mit den Worten: ›Mütterchen, möchten Sie meinen Platz haben?‹ eine Sitzgelegenheit anbieten.

Im Ohr trage ich einen Clip! Jetzt bekommen meine Söhne Angst um ihr Erbe: ›So kannst du doch nicht rumlaufen, was soll aus dir werden? Du ruinierst uns unseren Ruf!‹

Seit Wochen gehen mir die beiden mit gutem Beispiel voran. Ich glaube nicht, dass sie damit viel Erfolg bei mir haben werden. Ihre Aufgeregtheit und ihr Ärger entspannen mich zu sehr!«

Stellen Sie keine Ärger auslösenden Fragen, wenn Sie doch keine sinnvollen Antworten bekommen. Überall liegen Ärgerminen. Wenn

Lösen Sie keinen Streit wegen unwichtiger Dinge aus!

- Lohnt es sich, für dieses Thema zu streiten?

- Keine Themen behandeln, die nichts anderes bringen als Ärger.

> Manche Themen sind komplette Kriegsschauplätze!

© Günter F. Gross

Sie solche bereits erkennen, ist es sicher nicht nötig, dass Sie einen Tritt-Test ausführen.

Seien Sie freundlicher zu denen, die es verdienen

Jemand hat Sie geärgert. Geben Sie den Ärger nicht weiter. Seien Sie besonders freundlich zum Nächsten, der Ihnen begegnet. Sie kennen vielleicht den Satz: »Freundlichkeit können Sie nicht verschenken, Sie bekommen sie immer wieder zurück!«

Auch der, den Sie nach einem Ärgernis anlächeln, wird Ihnen Ihre Freundlichkeit zurückgeben. Es ist unglaublich, wie schnell Ihre ärgerliche Stimmung verschwindet, wenn Sie, statt den Ärger weiterzugeben, Liebenswürdigkeit und Herzlichkeit ausstrahlen. Also lächeln Sie nach einem Ärgernis. Der Ärger kann das Lächeln so wenig vertragen wie Dracula den Anblick des Kreuzes.

Zeigen Sie mehr Geduld und Verständnis. Wer Sie belastet, ist häufig selber belastet. Wer Sie ärgert, ärgert sich häufig selbst. Der Taxifahrer, auf den Sie so lange warten mussten und dessen spätes Kommen Sie so sehr erregt, hat sich vielleicht schrittweise durch den Berufsverkehr gequält. Sehen Sie auch seine Situation.

Seien Sie großzügig und freundlich. Damit verhindern Sie Ärger. Kleinlichkeit hingegen beschert Ihnen Ärger. Überall sind Kontaktminen, Handlungsminen und Themenminen. Warum, um es noch einmal zu sagen, müssen Sie bewusst oder fahrlässig darauftreten?

Wenn Sie lächeln, können Sie sich nicht ärgern. Diese Fähigkeit existiert nicht. Lächeln ist übrigens außerordentlich effizient. Lächeln ist der aufwandsärmste Gesichtsausdruck. Für ein ernstes Gesicht benötigen Sie 65 Muskeln. Zum Lächeln brauchen Sie nur zehn. Mit dem Lächeln bekommen Sie also den Gesichtsausdruck zu einem Sechstel des normalen Preises. Warum wollen Sie mehr bezahlen?

Für ein ernstes Gesicht
brauchen Sie

65
MUSKELN

Zum Lächeln nur

10

Warum wollen Sie
sich überanstrengen?

_____

_____

_____

© Günter F. Gross

Verletzen Sie andere nicht mutwillig

Geben Sie nicht ständig negative Kommentare von sich. Unterlassen Sie unnötige Angriffe und Streitereien. Verzichten Sie auf jede zynische und sarkastische Bemerkung. Zynismus ist das Banner der Infantilität. Sarkastische Bemerkungen sind der selbst gespendete Applaus für den Inhaber eines menschenfeindlichen Intellekts.

Kämpfen Sie zukünftig absolut entschlossen um die Unterdrückung jeder negativen Bemerkung, wenn Sie mit ihr doch keine Änderung der Situation erreichen können.

Nehmen Sie Situationen und Vorkommnisse, die Sie jetzt nicht ändern können, hin, ohne laufend darüber zu lamentieren und zu klagen.

Für Sie müssen die folgenden Gespräche möglich werden. Ihr Partner sagt: »Wieso nimmst du das einfach hin, warum regt dich das nicht auf?« Sie antworten: »Kann ich es ändern?« Dann kommt die Antwort: »Du könntest dich aber wenigstens ärgern!« Und Sie antworten: »Nein, das möchte ich eigentlich nicht!«

Schimpfen Sie nicht immer wieder über Ereignisse und Personen, wenn Sie längst beschlossen haben, zu einem bestimmten Zeitpunkt eine grundlegende Veränderung vorzunehmen.

Führen Sie keine negativen Gespräche über Abwesende

Loben Sie Abwesende. Es macht Sie heiter und gelassen. Es ist ein hervorragendes Mittel der Ärgerprophylaxe. Sie sprechen freundlich über andere. Diese erfahren es. Sie kennen sich selbst genau, halten Ihre liebenswürdige Einstellung für kaum möglich und freuen sich trotzdem.

Loben Sie mehr, kritisieren Sie weniger

Jedes Lob, das Sie aussprechen, senkt Ihren Blutdruck, jede Kritik, die Sie liefern, erhöht Ihren Blutdruck.

Behandeln Sie keine negativen Themen während der Mahlzeiten

Negative Themen sind »verdorbene« Themen. Verdorbene Themen verderben auch das Essen. Verdorbene Themen sind beim Essen noch schlimmer als ungewaschene Hände.

Nichts Negatives zu später Stunde

Fangen Sie nicht an, negative Themen ausführlich am späten Nachmittag, am Abend oder kurz vor dem Schlafengehen breit zu behandeln: »Ich wollte mit dir noch ein ausgesprochen unangenehmes Thema besprechen. Bitte schlafe noch nicht ein. Ich muss dir noch einige Informationen geben, damit du schlecht träumst!«

Behandeln Sie keine negativen Themen am Freitagnachmittag. Behandeln Sie nichts Negatives, bevor Sie jemanden in den Urlaub verabschieden. Die Regel: »Wir müssen ihm etwas zum Nachdenken mit in den Urlaub geben!« ist nicht gerade die feinste.

Keine negativen Themen:

☞ Während der Mahlzeiten

☞ Am späten Nachmittag

☞ Vor dem Schlafengehen

☞ Am Freitagnachmittag

☞ Kurz vor dem Urlaub

> Keine negativen Themen,
> die Sie dann vergessen
> und die von anderen
> lebenslang gespeichert werden!

© Günter F. Gross

Streichen Sie »Ja, aber« aus Ihrem Sprachschatz

»Ja, aber« ist eine Kampfansage. Sie bremsen den anderen und blockieren ihn. Er stürmt auf Sie zu. Sie stellen sich voll dagegen. Sie krachen zusammen, er überrennt Sie oder aber er geht in die Knie.

»Ja, aber« ist das Gegenteil des Prinzips aller erfolgreichen Kampfsportarten. Diese gehen davon aus, die Kraft des anderen nicht zu blockieren, sondern in die für einen selbst günstige Richtung zu lenken.

Sie haben nicht *Ihre* Kraft einzusetzen, um den anderen zu bremsen. Sie haben sich vielmehr hierfür *seiner* Kraft zu bedienen.

Das ist das Prinzip, das sich in der Formulierung: »Ja, und ...« manifestiert. Hier wird die Kraft des anderen in eine Richtung gelenkt, die für Sie günstig ist. »Ja, und ...« ist die Judomethode der Argumentation.

So viel zu Streitgesprächen und Auseinandersetzungen. Im Prinzip gilt die Regel genauso für positive Gespräche.

Mit »Ja, und« leiten Sie verständnisvoll von der Aussage Ihres Partners über zu einer Formulierung von Mitgefühl und Mitempfinden.

»Ja, aber« ist nicht der Schlüssel für die Tür, hinter der sich Mitgefühl und Mitempfinden aufhalten. Zeigen Sie Ihr Mitgefühl. Lassen Sie den anderen sich seinen Ärger von der Seele sprechen. Blockieren Sie nicht sein Frei-sprechen-Wollen.

Schlagen Sie nicht mit einer fahrlässigen Bemerkung sofort zurück. Sehen Sie ihn an, hören Sie ihm zu, geben Sie ihm den Weg frei für das, was er äußern möchte.

Vielleicht halten Sie das, was Ihr Ehepartner gerade behandelt, für ein völlig unwichtiges Thema. Sie verstehen überhaupt nicht, warum den anderen das so irritiert und belastet.

Hören Sie zu. Vielleicht lernen Sie, wie tief der andere betroffen ist und warum das so ist. Sagen Sie nicht, dass das aus Ihrer Sicht alles unwichtig und zweitrangig ist. Aus seiner Sicht ist es wichtig und erstrangig.

Zeigen Sie Verständnis und Mitgefühl. Hören Sie aufmerksam und mit Sympathie zu. Bei einem solchen Verhalten geht die Konfrontation zurück. Es wird weniger Gefechte geben, mehr Frieden und weniger Ärger.

Verzichten Sie freiwillig auf unwichtige Rechte

Versuchen Sie nicht, jeden Anspruch durchzusetzen. Verzichten Sie auf das Durchsetzen von Rechten, wenn Ihnen Ihr Erfolg mehr Schaden als Gewinn bringt. Setzen Sie keine Rechte ohne Rücksicht auf die Folgen durch: »Hier ruht Herr Müller. Er hat sich niemals die Vorfahrt nehmen lassen!«

Das Vorfahrtsrecht, auf das Sie einmal großzügig und galant verzichten, kann Ihnen niemand mehr stehlen. Geschenke machen nicht nur den Beschenkten fröhlich, sondern noch mehr den Schenkenden. Großzügigkeit macht heiter. Rechthaberisches Verhalten bringt Ärger.

Das Gleiche immer wieder hartnäckig ablehnen zu müssen bereitet ebenfalls Ärger. Ständig werden Sie angegangen, etwas Bestimmtes zu gestatten. Wer das immer wieder bei Ihnen versucht, hat meist die besseren Nerven.

Besonders ausgeprägt ist diese Nervenkraft bei Fünfjährigen. Ein Fünfjähriger, der etwas durchsetzen will, verfügt über einen Ideenreichtum, eine Argumentationskraft und eine Belagerungsstärke, von der die Türken bei der Belagerung Wiens geträumt haben. Ein Fünfjähriger hat auf diesen Gebieten eine Potenz, von der die meisten Vertriebschefs wünschen würden, dass diese auch bei ihren Verkäufern gegeben wäre.

Es ist schwer, solchen kampfkräftigen Persönlichkeiten zu widerstehen. Sie verfügen über die Überzeugungskraft einer Dampfwalze.

Vielleicht bringt Ihnen die Ablehnung oder hinhaltende Verteidigung immer wieder nur ständig schlechte Stimmung. Vielleicht lehnen Sie die Forderungen nur ab, weil solche Forderungen normalerweise abgelehnt werden. Vielleicht würde Sie die Zustimmung überhaupt nichts kosten, sondern Ihnen wesentliche Vorteile bringen.

Sollte das nicht der Fall sein, haben Sie immer noch eine andere Möglichkeit: Stimmen Sie grundsätzlich begeistert zu, fordern Sie aber als Vorausbedingung eine Gegenleistung.

Hier ist ein Beispiel. Der Vater eines Sohnes spricht auf dringlichen Wunsch des Sohnes mit dem Direktor der Schule. Er bittet den Direktor, er möge den Sohn in eine Klasse versetzen, die von einer Lehrerin unterrichtet wird, die der Sohn bisher hatte und die er besonders mag.

Die Antwort des Direktors lautet: »Selbstverständlich, mit dem größten Vergnügen, überhaupt kein Problem. Ihr Sohn soll die Lehrerin haben, die ihm gefällt.

Ich habe nur eine kleine Bitte an Sie. Bitte besorgen Sie einen Schüler, der von der Lehrerin, zu der Ihr Sohn möchte, gern weg möchte, mit ihm also die Klasse tauscht!«

Jeder weiß auf Anhieb, ein solcher Schüler ist nicht zu finden. Das Gespräch ist beendet. Die Verabschiedung ist herzlich. Der begeisterte gute Wille zu helfen war da. Leider sind die Verhältnisse nicht so, dass man diesem Willen zu Willen sein kann.

Weniger Widerstand, weniger Ärger

Sie kennen eine der Hauptursachen des Ärgers. Er entsteht dann, wenn Sie vorankommen wollen und gebremst werden.

Sie haben eine Idee, die anderen sind dagegen. Sie haben einen Plan, die anderen blockieren ihn. Sie möchten eine Entscheidung, die anderen möchten keine.

Weniger Widerstand = weniger Ärger

Mit seiner Kraft
in Ihre Richtung!

Beginnen Sie nicht bei sich,
sondern bei ihm.

Seine Worte ➤➤
Seine Erfolge ➤➤
Seine Ideen ➤➤

Verknüpfen Sie das,
was bei ihm bereits ist,
mit dem, was Sie wollen.

© Günter F. Gross

Risikokontakte!

Weniger Kontakte
zu typischen Ärgerverursachern!

> **Zu wem überhaupt
> keine Kontakte mehr?**

Mit manchen Personen
nur telefonieren,
statt sie persönlich zu sprechen!

Mit anderen Personen
nur schriftlich verkehren,
statt mit ihnen zu telefonieren!

_____

_____

_____

© Günter F. Gross

Jeder von uns hat mit professionellen Bremsern zu tun. Das sind Leute, die dann besonders aktiv werden, wenn es gilt, zukünftige größere Aktivität zu verhindern.

Sie selbst kommen mit einem Lastwagen voller Ideen und Vorhaben. Die anderen lassen Ihnen die Luft aus den Reifen und setzen sich dann wieder zur Ruhe.

Die taktisch richtige Vorgehensweise muss deshalb anders aussehen. Sie müssen nicht mit Ihrem Wagen ankommen, sondern mit dem Wagen der anderen. Sie müssen nicht mit Ihren Themen beginnen, sondern mit den Themen der anderen.

Sie haben grundsätzlich beim Partner zu starten. Sie haben mit seinen Worten zu beginnen, seinen Ideen, dem, was er schätzt, und dem, was er für wichtig hält.

Sie haben das, was bei ihm bereits ist, mit dem zu verknüpfen, was Sie wollen. Sie starten bei ihm, landen bei sich und haben das Ergebnis.

Ein Bremser, der Ihnen Ärger bereitet, konzentriert sich ausschließlich auf die negative obere Ecke Ihres Vorschlages.

In dieser Ecke schlägt er sein Quartier auf. Sie können ihm erklären, dass diese Ecke nicht negativ ist. Er wird Ihnen das Gegenteil beweisen. Sie können hin und her argumentieren und kommen zu keinem Ergebnis.

Besser ist es, Sie vergessen Ihre Aussagesätze und beginnen damit, Fragen zu stellen. Fragen Sie ihn, ob dieser obere negative Bestandteil, wenn er nun wirklich negativ ist, irgendeine Auswirkung hat, ob er also relevant ist.

Fragen Sie den anderen, ob er an dem gesamten Vorschlag irgendetwas gut findet. Der andere wird verblüfft sein und sagen: »Selbstverständlich, ich wollte ja nur darauf hinweisen, dass es auch einen negativen Faktor gibt!«

Bedanken Sie sich enthusiastisch für diesen Hinweis. Gehen Sie dann über zur gemeinsamen Besprechung des Positiven.

Vermindern Sie Risikokontakte

Ein Mörder ist ein Mann, der einer anderen Person ihre gesamte noch verfügbare Zeit stiehlt. In jedem Unternehmen sind ständig partielle Mörder unterwegs. Es sind aber nicht nur die Zeitmörder, es sind auch die Stimmungsmörder.

Stimmungsmord gehört zum Bereich der Schwerkriminalität. Manche Personen sind auf diesem Gebiet tätig als Berufsverbrecher. Vor ihnen müssen Sie sich schützen.

Es gibt Personen, wenn Sie mit denen ein längeres Gespräch geführt haben, dann brauchen Sie zwei Tage, um sich wieder von der Depression zu erholen, in die diese Personen Sie gestürzt haben.

Vielleicht können Sie sich dem Kontakt dieser Stimmungskiller nicht entziehen. Sie sollten den Kontakt jedoch so weit wie möglich beschränken. Für Kriminelle dieser Gattung gilt im Rahmen der Kontaktstrategie: »Minimumkontakte«!

Legen Sie fest, zu welchen Personen Sie überhaupt keine Kontakte mehr haben wollen. Bestimmen Sie auf einer »schwarzen Liste« die Themen, die Sie mit gewissen Personen nie mehr besprechen werden. Zu diesen Personen gehören beispielsweise auch die Ideendiebe.

Mit manchen Leuten sollten Sie nur telefonieren, aber nicht persönlich zusammenkommen. Mit anderen sollten Sie überhaupt nur schriftlich verkehren und hier mit einem absoluten Minimum an Worten.

Überlastung als Ärgernährboden

Wenn Sie überlastet sind, werden Sie reizbarer. Wenn Sie reizbarer werden, ärgern Sie sich schneller. Ein Programm gegen Ihre Überlastung ist damit auch ein Programm gegen den Ärger.

Planen Sie zeitliche Reserven ein. Jeder von uns versucht, sich gegen Risiken zu wappnen, indem er finanzielle Rücklagen bildet.

Für jeden ist selbstverständlich, dass er finanzielle Reserven braucht. Im Zeitlichen wird diese Notwendigkeit nicht so klar gesehen. Dabei sind zeitliche Reserven für die Erhaltung der Lebensqualität besonders wichtig. Ohne zeitliche Reserven sind Sie genauso schlecht dran wie ohne finanzielle Reserven. Wenige Menschen sind jedoch gewohnt, zeitliche Reserven einzuplanen.

Ein Beispiel zeigt das gut. Viele legen den nötigen Zeitraum für eine Konferenz fest. Sie planen aber nicht genügend Zeit ein für die Vorbereitung der Konferenz und meist überhaupt keine Zeit für die Nacharbeit, die notwendige Verfolgung des Angebahnten und die Erledigung der in einer Konferenz abgegebenen Versprechungen.

Übernehmen Sie sich nicht mit Verpflichtungen. Lassen Sie sich nicht fahrlässig auf Verpflichtungen ein. Erkennen Sie vor allem die Größe der Verpflichtung, die mit jedem neuen Projekt und Vorhaben auf Sie zukommt. Rechnen Sie die Verpflichtung zeitlich durch.

Übernehmen Sie keine terminlichen Verpflichtungen, die Sie zu stark unter Druck setzen und in Abhängigkeit geraten lassen. Verzichten Sie gegebenenfalls auf finanzielle Einkünfte, um sich auf diese Weise Zeit und Handlungsspielraum zu erhalten.

Je mehr Sie sich mit anderen verknüpfen, umso größer gestalten Sie Ihr Ärgerpotenzial. Gehen Sie deshalb das Minimum an Verpflichtungen und Verknüpfungen ein. Sie brauchen nicht überall dabei zu sein. Sie brauchen nicht jeden Kontakt zu ergreifen, der sich Ihnen anbietet.

Mischen Sie sich nicht überall ein. Drängen Sie sich nicht auf. Halten Sie sich zurück. Nehmen Sie nur Kontakt auf, wenn es wirklich nötig ist. Vermeiden Sie jede Verpflichtung, die nicht unbedingt erforderlich ist. Eine Verpflichtung, die Sie eingehen, ist nichts anderes als die Versorgung eines anderen mit einem Anspruch gegen Sie. Anders ausgedrückt, Sie geben anderen Gewalt über Sie.

Bedenken Sie bei jedem Start auch das Ende. Denken Sie bereits beim Einsteigen an die Möglichkeit des bequemen Aussteigens. Halten Sie sich Rückzugswege offen. Napoleon wäre viel früher aus der

Weltpolitik verschwunden, wenn er diesen Strategiegrundsatz nicht immer beachtet hätte.

Terrorisieren Sie sich nicht!

Terrorisieren Sie sich nicht selbst. Terrorisieren Sie sich nicht mit unsinnigen, selbst erfundenen und selbst diktierten Zielen.

Überlegen Sie, was Sie schaffen können. Nehmen Sie sich für heute nicht mehr vor, als Sie wirklich realisieren können. Versuchen Sie nicht vergeblich, heute noch dies und jenes und das und dann auch noch das andere zu schaffen.

Meist sieht es dann nur so aus, dass Sie vieles angefangen, aber kaum etwas zu Ende geführt haben.

Versprechen Sie weniger

Viele versprechen zu viel. Sie konzentrieren sich, während sie etwas versprechen, völlig darauf, in diesem Augenblick einen blendenden Eindruck zu machen. Sie wollen mit ihrem Versprechen Wohlwollen wecken und Missmut beim Partner vermeiden.

Aus ihrem Füllhorn verteilen sie Versprechungen wie der Frühling die Blumen über die Wiesen. Während sie etwas versprechen, ist ihre Fähigkeit, darüber zu urteilen, ob sie diese Versprechungen auch einhalten können, kaum vorhanden.

Viele können nur einen Bruchteil von dem halten, was sie versprechen. Ihnen fehlen die zeitlichen Machtmittel.

Wenige Stunden nach Abgabe einer Zusage wachen sie aus ihrem Trance-Zustand auf und es beginnt der Ärger über die eigene Fahrlässigkeit und Unvorsichtigkeit: »Auf was habe ich mich jetzt schon wieder eingelassen? War das wirklich nötig?«

Jede Zusage, die Sie einem anderen geben, ist für Sie selbst eine Zeitschuld. Schulden sind etwas Ärgerliches. Deshalb sollten Sie bei

Zusagen versuchen, bar zu bezahlen. Das bedeutet, dass Sie das, was Sie in einem Gespräch zusagen, möglichst noch während des Gespräches erfüllen sollten. Das wird umso leichter sein, je besser Sie für das Gespräch ausgerüstet sind, beispielsweise mit Informationen und Unterlagen.

Wenn Sie das, was Sie versprechen, bei sich haben, dann kommt keine spätere Belastung auf Sie zu. Die richtige Ausrüstung ist also auch ein Mittel der Belastungs- und Ärgerprävention. Was Sie sofort tun, ist erledigt und weg. Was Sie versprechen, ist eine neue Last auf Ihren Schultern.

Gewöhnen Sie sich daran, mehr sofort zu tun, statt zu versprechen, es später zu erledigen. Je früher Sie etwas erledigen, umso leichter ist es für Sie. Mit jedem Tag der Nichterledigung wird es für Sie schwerer, eine Zusage einzulösen. Nach einer bestimmten Anzahl von Tagen wird es fast unmöglich.

»Wer mich hetzt, ist mein Feind«

Wer Sie hetzt, übt Macht über Sie aus und ärgert Sie damit. Wem Sie zu einem zu frühen Zeitpunkt etwas versprechen, den lassen Sie zu nahe an sich herankommen.

Zwischen ihm und Ihnen gibt es keinen zeitlichen *Cordon sanitaire* mehr. Ihr Freiheits- und Handlungsspielraum wird eingeschränkt.

Versprechen Sie nichts für einen zu frühen Zeitpunkt. Erhalten Sie sich die Bewegungsfähigkeit. Setzen Sie sich nicht selbst fahrlässig unter Druck. Sagen Sie nicht: »Ich rufe Sie um 9.00 Uhr an.« Sagen Sie besser: »Ich rufe Sie zwischen 9.00 und 10.00 Uhr an!«

Wenn es möglich ist, dann sagen Sie nicht: »Ich rufe Sie am Vormittag an.« Sagen Sie besser: »Im Laufe des Tages.« Versprechen Sie nichts ohne Notwendigkeit für »Mittwoch«. Sie fühlen sich später viel weniger unter Druck, wenn Sie gesagt haben: »Am Mittwoch oder spätestens am Donnerstag.«

Reiter oder Pferd?

Ärger ist auch die Reaktion auf den Druck, unter den Sie gesetzt werden. Vermeiden Sie Selbstverpflichtungen, die anderen die Möglichkeit geben, Sie unter Druck zu setzen. Schaffen Sie sich die Antreiber nicht noch selbst. Irgendwann müssen Sie für sich entscheiden, was Sie sein wollen: Reiter oder Pferd?

Organisieren Sie sich besser

Nehmen Sie sich ausreichend Zeit, um eine wichtige Arbeit zu erledigen. Sie vermeiden damit späteren Ärger. Formulieren Sie Aufträge sorgfältig. Lesen Sie Texte konzentriert und genau. Notieren Sie sich den Inhalt geführter Telefonate.
Bereiten Sie sich gründlich auf Gespräche vor. Alles das dient der Ärgerprävention.

Organisieren Sie alles so, dass Sie bequem arbeiten können. Sie müssen arbeiten können ohne Ablenkung, ohne Unruhe, ohne Hektik und vor allem ohne dass Ihre Schwungkraft ständig gebremst wird.

Alles sollten Sie so organisieren, dass Sie im Vorankommen nicht behindert werden. Sie wissen, Ärger entsteht besonders dann, wenn Sie vorankommen möchten und bei diesem Vorhaben gebremst werden.

Eine von Ihnen geschaffene Organisation, die Ihnen ein gleichmäßiges Vorankommen in einem bestimmten Rhythmus gestattet, verhindert Ärger.

DAS GÜNTER F. GROSS-ANTIÄRGER-SYSTEM

Die Schwungkraft erhalten –
nicht aus dem Rhythmus kommen!

Organisieren Sie alles so, dass Sie <u>ungebremst</u> arbeiten können:

- Ohne Ablenkung
- Ohne Unruhe
- Ohne Hektik

Alles so organisieren, dass Sie
im Vorankommen nicht behindert werden.

Ärger entsteht, wenn Sie gebremst werden.
Eine Organisation, die ein gleichmäßiges
Vorankommen gestattet,
verhindert Ärger.

_____

_____

_____

© Günter F. Gross

Ärger auslösende, irritierende Gegenstände

Hinaus aus Ihrem Blickfeld!

- Keine ständige Erinnerung an bisher nicht eingehaltene Verpflichtungen
- Keine Denkmäler zur Erinnerung an verlorene Schlachten

Positive Mental-Hygiene

Gegenstände in Ihr Umfeld, die eine positive Stimmung auslösen!

_____

_____

_____

© Günter F. Gross

Terror durch Gegenstände

Kein Gegenstand hat einen
Anspruch darauf,
bei Ihnen zu bleiben,
nur weil

- sein Erwerb kostspielig war,
- er wertvoll ist,
- er Ihnen geschenkt wurde.

> Anspruch auf
> Niederlassungsrecht:
>
> 1. Funktionswert
> 2. Ästhetischer Wert
> 3. Symbolwert

© Günter F. Gross

Gestalten Sie Ihr Umfeld positiv

Entfernen Sie Ärger auslösende Erinnerungsstücke aus Ihrem Gesichtskreis. Befreien Sie die Wände, die Regale und Ihren Schreibtisch von Gegenständen, die Sie an negative Ereignisse oder negative Notwendigkeiten erinnern. Umgeben Sie sich mit Gegenständen, von denen jeder Einzelne schlagartig positive Vorstellungen auslöst, wenn Ihr Blick auf diesen Gegenstand fällt.

Starten Sie ein Ballastbefreiungs-Programm

Je mehr Gegenstände um Sie herum existieren, umso mehr Belastungs- und auch Ärgerquellen sind da. Gegenstände können Sie terrorisieren. Das Negative, das nicht anwesend ist, kann auch keinen Ärger bereiten.

Manche Gegenstände erfüllen längst keine Funktion mehr. Sie leisten nichts. Sie bringen nichts. Sie sind unnötig. Sie verlangen nur Platz und Pflege und als Gegenleistung senden sie negative Botschaften.

Schaffen Sie mehr Ordnung

Ordnung liefert Ihnen innere Ruhe. Sie ist der Feind der Reizbarkeit. Ordnung hat eine ästhetische Komponente. Geben Sie jedem Gegenstand seinen Platz. Stellen Sie jeden Gegenstand wieder an seinen Platz. Sie brauchen eine bessere Übersicht und sollten alles besser kennzeichnen. Das, was Sie suchen, sollten Sie mit einem Griff auf Anhieb finden können.

Schaffen Sie mehr Ordnung!

Ordnung liefert innere Ruhe.
Ordung ist der Feind der Reizbarkeit.

- Alles an seinen Platz
- Alles <u>wieder</u> an seinen Platz
- Eine bessere Übersicht
- Alles besser gekennzeichnet
- Alles von jedem auf Anhieb zu finden

Wie viele Minuten verlieren Sie pro Tag dadurch, dass Sie etwas suchen müssen?

_____

_____

_____

_____

© Günter F. Gross

Vorräte

Ärgern Sie sich zukünftig nicht mehr darüber, dass Ihnen etwas fehlt oder ausgegangen ist. Übertragen Sie die Techniken des Einkaufs und der Lagerhaltung aus dem beruflichen Bereich auch auf das Privatleben. Installieren Sie ein Frühwarnsystem, das Ihnen zeigt, was beschafft werden muss. Kaufen Sie zukünftig eine größere Menge, sodass eine Bestandsreserve existiert.

Befreien Sie sich von belastenden Gedanken

Legen Sie Ihre Gedanken geordnet ab. Schleppen Sie Ihre Gedanken nicht ständig im Kopf mit herum. Halten Sie also Ihre Gedanken fest. Sie sollten ein Taschendiktiergerät ständig in Griffnähe haben. So bekommen Sie mit wenigen Worten Ihren Kopf frei und kein wichtiger Gedanke geht Ihnen verloren.

Ärgern Sie sich nicht über das, was Sie nicht abwenden können

Ärgern Sie sich nicht über Handlungen, zu denen Sie von anderen gezwungen werden. Entscheiden Sie, ob Sie sich zwingen lassen wollen oder müssen. Wenn Sie die Forderung des anderen nicht ablehnen wollen oder können oder wenn Sie Forderungen dieser Art *noch nicht* ablehnen können, dann ist die Lage klar. Es geht nicht anders.

Ärgern Sie sich dann keine Sekunde lang über die Konsequenz. Was Sie nicht abwenden können, müssen Sie nicht unbedingt mit verbittertem Gesicht erledigen.

Verwöhnen Sie andere nicht zu sehr

Ärger ist der Preis, den Sie zahlen müssen, weil Sie andere zu sehr und zu lange verwöhnt haben.

Extreme Fürsorge ist eine besondere Art der Freiheitsberaubung. Der Staat mit der totalen Fürsorge ist der Sklavenstaat. Nicht umsonst gibt es den Begriff des »Fürsorge-Terrors«.

Extreme Fürsorge ist nicht Liebe und Menschlichkeit, sondern Gewaltanwendung mit dem Ergebnis der Entmündigung des anderen. Diese Gewaltanwendung wird dem Fürsorglichen eines Tages vom betreuten Opfer heimgezahlt. Irgendwann kommt es zum Sklavenaufstand. Zu große Fürsorge richtet sich später immer gegen den, der sie anderen zu lange geliefert hat.

Wer zu lange verwöhnt wurde, wird missmutig und stellt zunehmend Ärger auslösende Forderungen. Wem Sie zu lange die Verantwortung abgenommen haben, der wird Sie zukünftig selbst für das Wetter verantwortlich machen.

Verwöhnen Sie andere weniger. Dann stellen diese auch weniger Forderungen an Sie.

Lassen Sie sich nicht zum Sklaven machen

Lehnen Sie ein unzumutbares Anspruchsdenken ab. Sie können nicht jeden Anspruch befriedigen. Sie können nicht jedem zu Willen sein. Sie können es nicht jedem recht machen und Sie können sich nicht jeden als Freund erhalten.

Bestimmen Sie, welche Ansprüche Sie für berechtigt halten und welche nicht. Legen Sie fest, was Sie als Unzumutbarkeit ansehen und nicht zu tolerieren gedenken. Lassen Sie sich weder unter Druck setzen noch ausbeuten.

Lassen Sie sich weniger gefallen

Nehmen Sie Belästigungen nicht lange hin. Unternehmen Sie nicht erst dann etwas, wenn Ihre Nervenkraft bereits lädiert ist. Mit mehr Zivilcourage haben Sie weniger Ärger. Bei manchen Leuten müssen Sie deutlich werden. Die verstehen keine andere Sprache.

Lassen Sie sich keine Manierenlosigkeiten gefallen. Bemühen Sie sich nicht noch besonders beflissen um die Unverschämten. Laufen Sie ihnen nicht hinterher und flehen Sie nicht um gutes Wetter. Lassen Sie diese Personen kalt abfahren.

Im Umgang mit ihnen müssen Sie bereit sein, etwas zu opfern, dann brauchen Sie fast niemals etwas zu opfern. Frechheit ist häufig die Schwester der Feigheit.

Was die Art dessen, was Sie vielleicht opfern müssten, angeht, so ist es meist ein Opfer an »Bequemlichkeit«. Viele von uns nehmen vielleicht nur deshalb bestimmte Belästigungen hin, weil ein Widerstand oder das mögliche Resultat des Widerstandes einen Bequemlichkeitsverlust bringen könnte.

Dabei ist die Sorge, an Bequemlichkeit zu verlieren, natürlich bei denen besonders stark ausgeprägt, die jetzt bereits unter einem permanenten Mangel an Zeit und Energie leiden.

Lassen Sie sich vom mürrischen, unverschämten Verhalten anderer nicht anzünden. Ein Ehepaar aus Köln kommt in einer anderen Großstadt mit der Bahn an. Es geht mit dem Gepäck zu einem Taxi und bittet den Taxifahrer höflich, sie zu einem bestimmten Hotel zu fahren. Der Taxifahrer schimpft entrüstet: »Die paar Meter könnten Sie wahrhaftig zu Fuß gehen!« Das Ehepaar entschuldigt sich höflich. Es wusste nicht, wie weit das Hotel vom Bahnhof entfernt ist. Der Taxifahrer fährt sie hin, Sie geben ihm zusätzlich zum Fahrpreis ein Trinkgeld von 10 Euro. Er bedankt sich nicht, sondern fährt mürrisch und vor sich hinschimpfend davon.

Dieser Vorfall ereignet sich am Vormittag. Das Ehepaar ist bis in den späten Nachmittag hinein nicht fähig, sich einem anderen Thema zuzuwenden. Der Taxifahrer »schimpft ständig neben ihnen«!

Ärger = Wut

über Wehrlosigkeit
gegenüber Angriffen
aus der

Grauen Zone

- Manierenlosigkeit
- Unverschämtheit
- Bösartigkeit
- Heimtücke

Waffen gegen „Grauzonen-Kriminalität" sind Waffen gegen den Ärger

© Günter F. Gross

Es ist faszinierend, wie Ereignisse von geringster faktischer Bedeutung eine lang anhaltende Verstimmung bewirken können. Deshalb benötigen Sie für Vorfälle solcher Art eine Desensibilisierung und eine Routinereaktion. Von der Art dieses Taxifahrers sind in jedem anderen Beruf ähnliche Brüder im Geiste unterwegs.

Bemühen Sie sich solchen Menschen gegenüber nicht, auf eine beruhigende, anbiedernde Weise Wohlwollen zu erkaufen.

Drehen Sie den Spieß um, wenn Sie merken, an wen Sie hier geraten sind. Geben Sie einem solchen Typ einige Formulierungen mit auf den Weg, die den Blutdruck des Mürrischen so steigern, dass er sein Fahrzeug auch ohne Benzin antreiben kann. Geben Sie ihm 50 Cent in die Hand und sagen Sie ihm, er möge sich etwas Schönes kaufen, etwas, das er sich schon lange gewünscht hätte.

Gehen Sie rasch an Negatives heran

Lassen Sie es nicht zu lange schmoren. Erledigen Sie nach gründlichem Überdenken unangenehme Dinge so schnell wie möglich. Sie wissen: Je länger Sie etwas Unangenehmes aufschieben, umso schwerer werden Sie damit fertig. Das Gewicht einer unangenehmen, unerledigten Arbeit wird von Tag zu Tag größer.

Scheuen Sie sich nicht zu lange vor notwendigen Opfern. Einmal müssen Sie das Problem doch lösen. Je früher Sie es tun, umso weniger kostet es Sie.

Lassen Sie sich weniger gefallen

Nicht erst reagieren, wenn die Nervenkraft ruiniert ist

Mehr Zivilcourage = weniger Ärger

Nicht noch besonders beflissen gegenüber besonders Unverschämten

Bereit sein, etwas zu opfern – dann brauchen Sie nichts zu opfern

Frechheit ist meist die Schwester der Feigheit

© Günter F. Gross

Nicht alles hinnehmen – sich alles gefallen lassen

Jedoch stilmäßig anders reagieren

nicht:
- erregt
- schimpfend
- mit Vorwürfen

sondern:
- kühl
- ruhig
- mit Fragen
- mit entschlossenen Forderungen

© Günter F. Gross

Juristische Hilfe

Sichern Sie sich früh genug juristische Hilfe. Setzen Sie Ihren Anwalt bereits im Stadium der Prävention ein.

Jeder erfolgreiche Künstler hat einen Manager. Dieser nimmt ihm den Ärger ab. Es gibt eine Arbeitsteilung. Der Manager ist Problemlösungs-Fachmann und in diesem Zusammenhang für den Ärger zuständig. Der Künstler hingegen kann sich seinen eigentlichen Leistungen zuwenden. Er kann hierfür seine innere Ruhe und seine Ausstrahlung bewahren.

Auch die Ärgerbehandlung können Sie delegieren. Sie brauchen hier nicht alles selbst zu machen. Es gibt Profis, von denen Sie sich helfen lassen können.

Reklamieren Sie anders

Versuchen Sie es nicht nur persönlich oder telefonisch. Reklamieren Sie schriftlich. Entwickeln Sie für Ihr Reklamationsverhalten einen Stil. Es lohnt sich, denn die Notwendigkeit, reklamieren zu müssen, kommt immer wieder.

Das Recht zu reklamieren liefert Ihnen nicht nur die Möglichkeit, einem anderen seine Fehler, seine Unfähigkeit und vielleicht auch seine Unanständigkeit zu demonstrieren.

Der Reklamationsanlass liefert Ihnen vielmehr auch die Chance, die Beziehungen zum anderen zu verbessern und Reklamationsanlässe dieser Art für die Zukunft auszuschalten. Reklamieren Sie also mit einem positiven Ansatz. Sie können sich erregen. Sie können aber auch Humor einsetzen und die Lage entkrampft bereinigen.

Der Kellner gibt Ihnen aus Versehen 10 Euro zu wenig zurück. Sie können nun entrüstet die fehlenden anmahnen. Sie können aber auch sagen: »Ich hätte gerne von Ihnen noch 10 Euro. Aber bitte nur, wenn Sie sie wirklich nicht brauchen!«

Das Gewicht aufgeschobener Arbeiten nimmt von Tag zu Tag zu

© Günter F. Gross

Ärger

⬇

| Das Recht zu reklamieren |

⬇

| Die Möglichkeit, einem anderen zu demonstrieren: |

- seine Fehler
- seine Unfähigkeit
- seine Dummheit
- seine Unanständigkeit

Ärger - die Chance
durch die Behutsamkeit beim Reklamieren:
- Freunde zu gewinnen
- besondere Beziehungen zu entwickeln
- zukünftig fehlerlose Leistungen zu erhalten
- jetzt die eigene Stimmung zu verbessern

_____

_____

© Günter F. Gross

Seien Sie verschwiegener

Was Sie nicht von sich gegeben haben, kann Ihnen keinen Ärger bereiten. Legen Sie fest, welche Bereiche und Arten von Informationen Sie grundsätzlich für sich behalten wollen.

Je weniger Sie mit-»teilen«, umso weniger geben Sie ab an Aufmarschterritorium für Aktionen Ihnen gegenüber.

Wie oft haben manche schon geäußert: »Das ist alles nur gekommen, weil ich damals meinen Mund nicht halten konnte!«

Verbessern Sie Ihre persönliche Kommunikation

Kommunikation geht immer vom Empfänger aus. Sie beschäftigt sich mit der Absicherung des Ankommens und mit der Erleichterung des Vorankommens. Das gilt für beide Seiten, also für den, der etwas mitteilt, und für den, der etwas empfängt.

Kommunikation sichert ab, dass die Partner im Zusammenspiel schnell, bequem und richtig handeln können. Ärger ist die Folge von Missverständnissen. Diese ergeben sich häufig als Resultat einer »nur« mündlichen Kommunikation. Geben Sie also mehr schriftlich.
- Es ist professioneller.

Arglose ärgern sich weniger

Ärger ist die Steigerungsform von »arg«. Wenn Sie arglos sind, dann hat es der Ärger schwer.

Die Arglosen verfügen über das natürliche Geschick des Missverstehens. Sie fühlen sich weder betroffen noch gemeint. Sie haben die Einstellung des Sonntagskindes: »So kann es nicht gewesen sein. Das kann er nicht gemeint haben!«

Das Gegenteil des Arglosen ist der vom »sensitiven Beziehungswahn« Betroffene: »Mein oberster Chef hat heute früh ›Guten Morgen!‹ zu mir gesagt. Ich grüble bereits den ganzen Tag, was könnte er gemeint haben?«

Wohlwollende Unterstützung anderer

Gewinnen Sie die wohlwollende Unterstützung anderer. Motivieren Sie andere dafür. Bedanken Sie sich für eine Unterstützung schneller und intensiver. Die Hilfe, für die Sie sich bedankt haben, erhalten Sie auch in Zukunft wieder.

Seien Sie großzügig. Trinkgelder gehören zu den gewinnbringendsten Investitionen überhaupt. Sie machen mit ihnen Ihre Partner heiter, aufmerksam, hilfsbereit, aktiv und umsorgend. Mit Trinkgeldern können Sie Gesichter in Sekunden so verändern, wie es Top-Kosmetiker in Wochen nicht schaffen.

Kleinlichkeit macht andere mürrisch und widerspenstig. Sie ist der Nährboden, auf dem Saboteure wachsen. Mit Kleinlichkeit handeln Sie sich Ärger ein.

Die Organisation der Hilfe

Woher bekommen Sie Hilfe? Legen Sie für viele Aktivitäten vorbeugend fest, wo und wie Sie im Notfall Hilfe bekommen können.

Bringen Sie die Telefonnummer des Kundendienstes an jedem Gerät an. Halten Sie zu Lieferanten und deren Kundendienst freundschaftlichen Kontakt. Lernen Sie Namen kennen und verpersönlichen Sie die Beziehungen.

Machen Sie es anderen bequem, Verpflichtungen Ihnen gegenüber richtig zu erfüllen

Geben Sie Informationen schriftlich. Geben Sie einen genauen Treffpunkt an. Liefern Sie einen Lageplan. Legen Sie fest, was geschehen soll, wenn Sie sich verfehlen. Ermöglichen Sie bequeme Ersatzkontakte.

Geben Sie mehrere Telefonnummern an. Bauen Sie bei allem eine Redundanz als Sicherung ein. Liefern Sie einen Katastrophenplan.

Lassen Sie andere nicht warten. Wer wartet, ärgert sich und wird böse. Wer zu lange wartet, verliert wesentliche Teile seiner Erziehung.

Lösen Sie andere aus ihrer Besorgtheit

Bringen Sie andere aus der Unsicherheit heraus. Nehmen Sie ihnen die Besorgtheit. Liefern Sie anderen Sicherheit und innere Ruhe. Nehmen Sie anderen frühzeitig ihre Zweifel, Fragen und Befürchtungen.

Liefern Sie präventiv Antworten auf Fragen, die bei anderen später entstehen werden. Sie wissen aus Ihrer Erfahrung, welche Fragen auftauchen. Weisen Sie auf diese Fragen hin. Liefern Sie so früh wie möglich Klarheit und Eindeutigkeit.

Schalten Sie Missverständnisse aus

Geben Sie komplette Informationen. Bringen Sie einen Gesprächspartner nicht in die unerträgliche Situation, um zusätzlich nötige Information betteln zu müssen.

Wenn Unsicherheit, Missverständnisse und Fehler ausgeschaltet sind, bekommen Sie keinen Ärger.

Antiärger-Programm für Ihre Partner

Worüber ärgern sich Ihre Familienmitglieder immer wieder? Werden Sie sich klar darüber. Worüber ärgern sich Ihre Kunden immer wieder? Fragen Sie einige Kunden, die Sie besonders schätzen. Kunden, die sich nicht ärgern, geben auch keinen Ärger an Sie weiter.

Fragen Sie Mitarbeiter, was ihre Arbeit erschwert und worüber sie sich immer wieder ärgern. Mitarbeiter, die ohne große Behinderung vorankommen, geben keinen Ärger an Sie weiter.

»Null-Fehler-Organisation«

Streben Sie die »Null-Fehler-Organisation« an. Das gilt für Ihr Privatleben und für Ihren Beruf. Motivieren Sie jeden, mit dem Sie zu tun haben, für dieses Ziel.

Sorgen Sie bei jedem für Wachheit und Umsicht. Was immer gut gegangen ist, muss nicht auch weiter gut gehen. Lassen Sie sich vorbeugende Maßnahmen, zu denen Ihnen Ihre Erfahrung und Ihr Gefühl raten, nicht mit der Selbstsicherheit und heiteren Fahrlässigkeit der Ahnungslosen ausreden.

Wählen Sie ein besseres Timing

Wählen Sie einen besser geeigneten Zeitpunkt für Maßnahmen und Aktionen. Denken Sie wacher darüber nach, wann Sie etwas unternehmen sollten.

Nach 9.30 Uhr sind die meisten telefonisch schwerer erreichbar als vorher. In der Hauptverkehrszeit brauchen Sie doppelt so lange, um an ein Ziel zu gelangen.

Die Wahl des richtigen Zeitpunktes erspart Ihnen Behinderungen und damit Ärger.

Warum überhaupt?

Marschieren Sie nicht überstürzt los. Die erste Frage vor jeder Aktion sollte lauten: »Warum überhaupt?«

Ist diese Aktion überhaupt nötig? Planen Sie mehr. Bereiten Sie sich besser vor. Dann brauchen Sie bei der Ausführung weniger Zeit. Je mehr Umsicht und Voraussicht da sind, umso weniger Hektik wird sich ergeben.

Ist das, was Sie jetzt abholen wollen, wirklich bereits fertig? Rufen Sie an. Fahren Sie erst dann los.

Bestätigen Sie Verabredungen zur Sicherheit noch einmal telefonisch. Für vieles gilt, dass fünf Minuten mehr an Vorbereitung einen Zeitgewinn von 25 Minuten bei der Ausführung bringen.

Der Kampf um das Sinnlose

Versuchen Sie nicht, mit Hartnäckigkeit etwas an sich Sinnloses zu erreichen, nur weil Ihnen auf dem Weg dorthin Schwierigkeiten bereitet werden.

»Ich könnte eigentlich einmal Herrn Wegner anrufen. Es gibt zwar keinen Grund dafür, aber warum nicht?

Wieso ist seine Telefonnummer besetzt? Wieso ist seine Telefonnummer immer noch besetzt? Jetzt wähle ich bereits seit 15 Minuten und die Nummer ist ständig besetzt. Man könnte aus der Haut fahren. Ich will jetzt endlich die Verbindung haben!«

Frage der Sekretärin: »Wen versuchen Sie eigentlich zu erreichen?« Antwort: »Herrn Wegner!« »Müssen Sie ihn sprechen?« Antwort: »Nein, natürlich nicht, aber seine Telefonnummer ist ständig besetzt!«

Ärger über Hindernisse

☞ **Energie und Antrieb
für den Kampf
um unsinnige Ziele**

Je schwerer es Ihnen
gemacht wird,
ein unsinniges Ziel zu erreichen,
umso besessener kämpfen
Sie darum.

> Viele lebenslange Verbindungen
> sind so entstanden.

(Aufhören!)

© Günter F. Gross

Marginalkosten

Zahlen Sie die Marginalkosten. Sie stehen vor einer größeren Anschaffung. Sie müssen einen erheblichen Betrag dafür zahlen. Für jedes Extra müssen Sie extra zahlen.

Irgendwann kommt dann bei vielen die Entscheidung: »Jetzt ist Schluss. Über diesen Betrag hinaus wird kein Euro mehr investiert!«

Die abgelehnte zusätzliche Ausstattung würde vielleicht nur 1 Prozent der Gesamtkosten ausmachen. Sie aber finden, genug ist genug.

Leider gilt folgendes Gesetz: »Mit 99 Prozent des finanziellen Einsatzes erhalten Sie nur 80 Prozent oder weniger der angestrebten Zufriedenheit!« Die nicht beheizbare Heckscheibe ist im Winter ein anschauliches Beispiel.

Mit 1 Prozent mehr an finanziellem Einsatz gewinnen Sie jedoch hundertprozentige Zufriedenheit. Es sind die Marginalkosten, die den Zufriedenheitsgrad bestimmen. Die großen Veränderungen finden im Grenzbereich statt. Das ist ein strategisches Gesetz.

Zahlen Sie zukünftig also die unangenehmen 1 bis 5 Prozent zusätzlich. Häufig gewinnen Sie damit 20 Prozent mehr an Zufriedenheit. Anders ausgedrückt: Den geringen Grenzkosten steht ein enormer Grenznutzen gegenüber!

20 Prozent bewirken 80 Prozent des Ärgers

20 Prozent der Personen, der Aufgaben, der Aktivitäten, der Erzeugnisse, der Ausrüstung verursachen 80 Prozent des Ärgers. Diese 20 Prozent wirken überproportional negativ.

Gehen Sie strategisch gegen die überproportional wirkenden Ärgerursachen vor. Trennen Sie sich von Ärgerquellen, die Sie nicht verändern können.

Wenn ein Betätigungsgebiet 10 Prozent Erfolgsbeitrag liefert, aber 40 Prozent Ärgerbeitrag, dann sollten Sie überlegen, ob Sie sich von diesem Betätigungsgebiet nicht besser befreien sollten.

»Wer ist wirklich unzufrieden?«

Von denen, die mit Ihnen zufrieden sind, bedanken sich wenige. Wenn Sie in Deutschland tätig sind, dann sind es noch weniger. Viele handeln nach der Devise: »Warum soll ich mich bedanken? Es ist ja alles in Ordnung!«

Anders sieht es bei den Unzufriedenen aus. Sie sind keine schweigende Mehrheit, sondern eine schreiende Minderheit. Von ihnen kritisiert ein großer Teil.

99 Prozent Ihrer Partner sind mit dem, was Sie leisten, zufrieden. 1 Prozent Ihrer Partner ist vielleicht unzufrieden. Aus dieser Gruppe melden sich mit negativen Beiträgen fast alle. Von den Zufriedenen hören Sie kaum etwas. Es ist also leicht, dass Sie zu einer schiefen Bewertung der Einschätzung Ihrer Leistungen gelangen.

Der Chef eines der erfolgreichsten Gastronomie-Unternehmen in Europa, ein Pionier auf dem Gebiet der System-Gastronomie, erhält selten einen Anerkennungsbrief. Die negativen Briefe überwiegen. Es ist also gar nicht leicht für ihn zu erfassen, wie viele Millionen Menschen sein Lebenswerk mit Hochachtung und Bewunderung beurteilen.

Das Ärger auslösende Negative erfährt er täglich. Das Riesenvolumen an Wertschätzung, das ihm entgegengebracht wird, erfährt er selten.

Reizabschirmung

Schützen Sie sich vor Umfeldreizen. Schützen Sie sich vor Lärm. Lassen Sie nicht zu, dass andere mit ihrem Lärm Ihr Gehirn besetzen.

Scheuen Sie keine Kosten, um sich gegen den Lärm zu sichern. Arbeiten Sie mit Schallschutzdecken, Schallschutzfenstern und Schallschutztüren. Je weniger Unruhe um Sie ist, umso weniger werden Sie abgelenkt.

Sie können gedanklich bei dem bleiben, was jetzt für Sie wichtig ist, und kommen schneller voran.

Manche sind ärgersüchtig

Es sieht so aus, als brauchten sie den Ärger. Sie benötigen den Adrenalinstoß wie andere den Alkohol. Jede Ärgerquelle zieht sie magnetisch an. Wo es Ärger geben könnte, tauchen sie auf.

Sie wollen es immer genau wissen. Wird es nun Ärger geben oder nicht? Meist haben sie Glück, ihre Erwartung trifft ein.

Diese Ärgersüchtigen fühlen sich von allem betroffen. Sie sind immer gemeint und immer einbezogen.

Erfolgsärger

Ärger ist der Preis und das Ergebnis von wachsendem Arbeitsvolumen, Zeitmangel, Erfolglosigkeit, aber auch von zu schnellem und zu großem Erfolg.

Je größer Ihr Erfolg ist und damit auch Ihre Reputation, desto größer wird der Kreis der Menschen, die etwas von Ihnen wollen. Je größer dieser Kreis wird, umso mehr Ärgerquellen entstehen.

Was Sie so schnell und erfolgreich vorangebracht haben, ist immer ein Gefüge. Es ist ein Gefüge von Abteilungen, Bereichen, Gebieten und Erzeugnissen.

Nicht alle Elemente dieses Gefüges sind im gleichen Tempo vorangekommen und gewachsen.

Mit manchen Elementen sind Sie weit vorn. Andere liegen weit zurück. Dieses Missverhältnis im Gefüge, dieses Fehlen von Harmonie, bereitet Ihnen Ärger. Ihr Traum wäre, dass sämtliche Elemente eines Gefüges mit gleichem qualitativem Wachstumstempo das gleiche hohe Niveau erreichen.

Im Blickfeld aller

Wer an der Spitze steht, ist im Blickfeld aller. Er ist sichtbar für alle und beschießbar von vielen. Er hat mehr Mitspieler und Widersacher.

Sein Erfolg reizt die anderen. Sein Erfolg weckt Neid. Neid setzt viele in Bewegung, die sonst kaum etwas bewegen. Sie werden mit ihrem Neid und ihrer Missgunst aktiv. Auch das ist ein Preis, den Sie für den Erfolg zu zahlen haben.

Ihr Ärger und der Ärger anderer

Vergleichen Sie Ihren Ärger mit dem anderer. Denken Sie darüber nach, welchen Schmähungen Politiker ausgesetzt sind. Wie wäre Ihre stimmungsmäßige Situation, wenn man so über Sie, Ihre Intelligenz, Ihr Aussehen, Ihre Integrität, Ihren Sprachschatz und Ihre Ausdrucksweise herziehen würde?

Überlegen Sie die Bedrohung, die in bestimmten Berufen gegeben ist. Wenn ein Architekt einen Kunden verliert, dann können damit 30 Prozent seines Einkommens verloren sein. Sein Sicherheitsfundament ist schmal. Wenn ein erfolgreicher niedergelassener Arzt einen Patienten verliert, dann wird er das gar nicht merken. Er hat mit einer größeren Zahl von Patienten zu tun. Sein Sicherheitsfundament ist breiter.

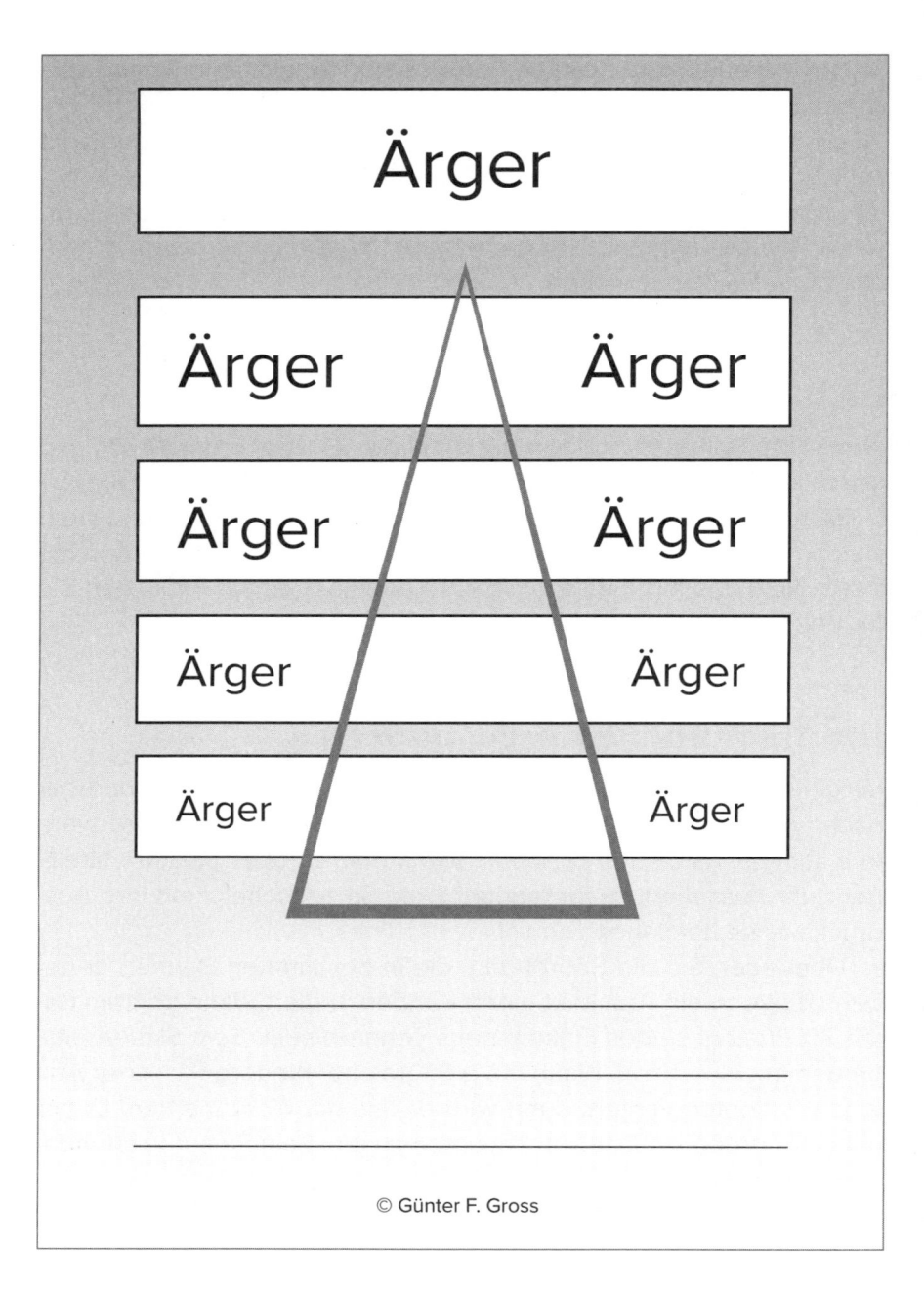

Ärger

Ärger	Ärger

Ärger	Ärger

Ärger	Ärger

Ärger	Ärger

_____

_____

_____

© Günter F. Gross

Erfolgsärger

Folgen des zu schnellen Vormarsches

Preis der Führerschaft

Windgeschwindigkeit auf dem Gipfel

- Sichtbar für alle
- Beschießbar von vielen
- Mehr Mitspieler
- Mehr Widersacher
- Mehr Aufgaben
- Mehr Verantwortung
- Weniger Zeit
- Mehr Geld (mehr Anlageprobleme)

© Günter F. Gross

Negatives – Positives?

Stellen Sie die positiven Ereignisse den negativen gegenüber. Konzentrieren Sie sich nicht nur auf das, was Sie belastet und ärgert. Sehen Sie nicht nur die negativen Ausnahmefälle.

Ermitteln Sie die Faktoren, die gegenwärtig positiv für Sie sind. Was ist zurzeit bei Ihnen beruflich und privat besonders positiv? Behalten Sie das in Ihrem Bewusstsein. Lernen Sie es schätzen und genießen.

Konzentrieren Sie sich auf das Positive. Überlegen Sie, was Sie beim Positiven noch besser gestalten können. Nutzen Sie entschlossener die Offensivkraft des Positiven und dessen, was besonders gut läuft.

Ungewöhnlich großzügig?

In Ausnahmefällen kann es sich für Sie lohnen, ungewöhnlich großzügig zu sein. Sie werden sich in einer solchen Situation fragen: »Warum eigentlich? Das ist eine Zumutung, wo kommen wir da hin, die halten mich für nicht mehr normal, wenn ich dieser Forderung nachkomme!«

Das mag im Augenblick so aussehen. Die Lebenserfahrung aber lehrt, dass Monate oder Jahre später eine positive Revanche kommt. Sie übertrifft das, was Sie dem anderen damals so extrem großzügig zugestanden hatten.

Mit Ihrer Großzügigkeit entlassen Sie einen anderen aus einer Verpflichtung. Sie geben ihn frei, ohne das zu müssen. Sie sind für den anderen auf einmal ein Freiheitslieferant. Manche vergessen Ihnen das nie.

Ärgern Sie sich nicht darüber, dass Sie mehr geben, als die Verpflichtung gebietet. Betrachten Sie ein solches Handeln eher als strategische Meisterleistung.

Erkennen Sie, dass es ein Verhalten gibt, das Sie garantiert in die Katastrophe führt. Dieses Verhalten besteht darin, dass Sie jeden Vorteil und Anspruch, den Sie besitzen, entschlossen und mit Härte erbarmungslos anderen gegenüber ausnutzen.

Ärgern Sie sich nicht über die Konkurrenz

Konkurrenz ist nötig. Sie ist die Voraussetzung für unsere freiheitliche Existenz. Konkurrenz hält Sie wach, munter und beweglich. Im Übrigen gilt, dass die Konkurrenz in einem Tempo zunehmen wird, das es Ihnen gar nicht mehr möglich macht, mit dem Ärgern nachzukommen.

Entwickeln Sie keine Negativeinstellung Ihren Konkurrenten gegenüber. Sie ändern damit nichts. Lernen Sie Ihre Konkurrenten besser kennen. Verhalten Sie sich ihnen gegenüber liebenswürdig und galant.

Konkurrenten sind nicht nur Gegner. Sie haben durchaus die Macht, sich für die Liebenswürdigkeit und Toleranz von Ihrer Seite zu revanchieren. Ein Konkurrent von heute kann Ihr Partner von morgen sein. Freundliches Verhalten Konkurrenten gegenüber gibt Ihnen ein Gefühl der Gelassenheit und macht Sie gelöst.

Ärgern Sie sich nicht über Tölpel

Auch Tölpel wollen leben. Die Natur hat sie mit dem Gen des Abbruchunternehmers ausgestattet. Ärgern Sie sich also nicht über dilettantisches, tölpelhaftes und unprofessionelles Verhalten. Schaffen Sie positive Zwangsläufigkeiten, die es dem Tölpel unmöglich machen, seiner Vernichtungsarbeit nachzugehen.

Seien Sie kreativer beim Finden von Vorgehensweisen, um aus allen, die Sie ständig um sich haben, professionell und umsichtig Handelnde zu machen. Sie brauchen mehr Zeit und Konzentration für die Erteilung verständlicher Aufträge. Gerade eine bessere Kommunikation schützt den Tölpel vor sich und seinen Wahnsinnstaten.

Sie brauchen mehr Zeit für die Planung, für die Vorbereitung, für das Training, für Fehlerbesprechungen und für die Kontrolle und Überprüfung.

Geben Sie keine langen Erklärungen ab

Von einem bestimmten Umfang an wird eine Erklärung immer verworrener und weniger verständlich. Sagen Sie kurz und knapp, was Sie wünschen. Produzieren Sie kein Füllmaterial. Holen Sie nicht lange aus. Sagen Sie: »Ja« oder »Nein«. Sagen Sie nicht: »Ich möchte mal so sagen, ich würde sagen, ich sehe das eher so, ich bin im Zweifel nicht ganz dagegen!«

Lassen Sie Ihren Blutzuckerspiegel nicht absinken

Essen Sie frühzeitig etwas. Hungern Sie sich nicht aus. Hungrige sind reizbar, Satte sind zufrieden.

Reaktionen auf Ärger

Entwickeln Sie eine Reaktionsroutine. Bei Auftreten eines Ärgernisses beginnt eine Schockphase. Sie lähmt die Vernunft. Sie bewirkt überstürzte, völlig falsche, unsinnige Reaktionen. Seien Sie sich die-

ser Schockphase bewusst. Schalten Sie auf Ruhe und machen Sie eine Pause.
Regen Sie sich nicht sofort maßlos auf. Starten Sie nicht sofort eine Aktion. Stellen Sie erst fest, was »wirklich« passiert ist. Vielleicht haben Sie sich nur verhört.

Die Ärgerlawine

Der Ärgerauslöser ist häufig nur eine Schneeflocke. Ihre emotionale Reaktion macht einen Schneeball daraus. Er rollt abwärts und löst eine Lawine aus. Es dauert Stunden, bis sich die Lawinenopfer herausgewühlt haben.
   Anschließend sieht man den Oberschneemann, der vorher so fahrlässig hantierte. Mit schlechtem Gewissen ist er unterwegs als verspäteter Bergungshelfer. Auf seinen vorher so verzerrten Zügen liegt ein verlegenes Lächeln.

Die letzten Ärgernisse

Denken Sie an die letzten Ärgernisse zurück. Die Interaktionen bei Ärger sind beeindruckend. Es müssen nur die richtigen Mitspieler zusammenkommen. In wenigen Minuten versteht es ein Ärgernis, einen Zirkus auf die Beine zu stellen. Welche Zeit haben Sie in den letzten Tagen mit einer falschen Reaktion auf Ärger verloren? Welche Beträge haben Sie sinnlos geopfert? In welche negativen Verpflichtungen sind Sie hineingeraten? Welche Verbindungen haben Sie geschädigt, was haben Sie Ihrer Reputation angetan?

Verbalisieren Sie Ihren Ärger

Nehmen Sie Ihr Diktiergerät. Diktieren Sie eine Checkliste mit den Punkten, die dazu dienen sollen, Ärger dieser Art in der Zukunft zu vermeiden. Sprechen Sie sich vom Ärger frei und befreien Sie sich parallel dazu von zukünftigem Ärger dieser Provenienz.

Behandeln Sie den Ärgervorfall nicht sofort. Befördern Sie ihn erst einmal aus Ihrem Kopf auf eine Liste. Diktieren Sie oder schreiben Sie sich den Ärger von der Seele. Das Diktieren des Ärgers wirkt wie die Benutzung eines Feuerlöschers.

Delegieren Sie die Ärgerbehandlung

Sie selbst sind jetzt zu gereizt. Befassen Sie sich nicht selbst mit dem Ärger. Ein anderer, der kühler ist, kann hier leichter tätig werden.

Sie müssen nicht alles heimzahlen

Jemand hat Sie geärgert. Was nutzt es, wenn Sie ihn im Gegengeschäft ärgern? Sie brauchen kein Pingpongspiel zu starten. Lassen Sie den ärgerlichen Ball des anderen einfach in die Büsche springen. Drehen Sie sich nicht einmal um, um zu sehen, wo er gelandet ist. Lassen Sie alles einfach ins Leere laufen.

Kleinkarierte Reaktion

Verblüffen Sie die anderen mit dem Gegenteil Ihrer bisherigen Reaktion. Was wäre eine kleinkarierte Reaktion auf diesen Vorfall? Welche Gespräche, welche Aktionen?

Studieren Sie Ihr typisches, den anderen bekanntes Verhaltensmuster bei Auftreten von Ärger dieser Art. Wie reagieren Sie im Einzelnen? Mit wem nehmen Sie Kontakt auf? Was reden Sie, was tun Sie? Wie verhalten Sie sich eine Stunde später, einen Tag später? Reagieren Sie diesmal völlig anders!

Der Ärgerbefund

Jeder Ärger ist eine Diagnose wert. Manchmal reichen dafür Sekunden. Sie ersparen sich damit die Produktion einer Lawine. Wenn Sie keine Ärgerlawine auslösen, brauchen Sie sich später auch keine Vorwürfe zu machen.

Auch beim Ärger steht vor der Therapie die Diagnose. Häufig ist die Ärgerdiagnose bereits die Therapie. Oft zeigt Ihnen eine Diagnose, dass eine Aktion unnötig ist.

Dramatisieren Sie nicht

Lassen Sie bei Auftreten eines Ärgernisses nicht Ihre ausgeprägte Vorstellungskraft tätig werden: »Alles vorbei, ich verlasse jetzt den Schuldienst und gehe in die Politik!«

Häufig hat das Ereignis überhaupt keine Auswirkung. Meist ist die Auswirkung geringer, als Sie das befürchten. Mit dem, was sich ergibt, werden Sie fertig werden.

Die Bedeutung dieses Ärgers – ausgedrückt in Zahlen:

1. Finanzielle Auswirkung?
2. Zeitliche Auswirkung?
3. Wirkung auf Ihre Sicherheit?
4. Wirkung auf Ihre Reputation?

- Überhaupt eine Auswirkung?
- Nur negative Auswirkungen – oder auch positive?

_____

Welche?

_____

_____

_____

_____

_____

© Günter F. Gross

80% Einbildung
20% Fakten

- Kein Amoklauf Ihrer Vorstellungskraft
- Keine Panik
- Keine Hysterie

Sehen Sie die Größenordnung möglicher Folgen realistischer!!!

Halten Sie es mit der Berliner Nationalhymne:

> „Wir werden das Kind schon schaukeln ..."

© Günter F. Gross

Der Ärger in Zahlen

Stellen Sie die Bedeutung des Ärgeranlasses in Zahlen dar.

1. Wie groß ist die finanzielle Auswirkung?
2. Wie groß ist die zeitliche Auswirkung?
3. Wie groß ist die Wirkung auf meine Sicherheit?
4. Wie groß ist die Wirkung auf meine Reputation?

Zerstörerische Vorstellungskraft

Schaukeln Sie sich gefühlsmäßig nicht hoch. Lassen Sie sich von Ihrer Vorstellungskraft nicht überfahren. Vieles von dem, was Sie in tiefschwarzen Farben sehen, sind nicht die Fakten, sondern reine Imagination.

80 Prozent sind Einbildung und höchstens 20 Prozent sind Fakten. Sehen Sie die Größenordnung möglicher Folgen dieses Ärgernisses realistischer. Betrachten Sie die möglichen Folgen gelassener.

Können Sie es ändern?

Können Sie den Vorfall ungeschehen machen? Können Sie an dieser Sache jetzt noch etwas ändern?

Wenn nicht, warum wollen Sie sich aufregen? Werden Sie sich morgen noch darüber ärgern? Werden Sie übermorgen noch wissen, worüber Sie sich vor zwei Tagen so geärgert haben?

Was wird passieren, wenn Sie jetzt außer Rand und Band geraten? Was werden Sie an Zeit, Stimmung und Energie verlieren? Wollen Sie auch diesen Tag Ihren Gefühlen opfern? Wollen Sie auch diesen Tag in einem Säurebad aufgehen lassen?

Müssen Sie sich jetzt unbedingt erregen? Müssen Sie sich sofort mit diesem Ärgernis beschäftigen? Gibt es nichts, das wichtiger ist?

Schreiben Sie den Ärger auf, dann kann er nicht verloren gehen und Sie können immer noch entscheiden, wie Sie sich verhalten wollen. Denken Sie daran, Ärgern macht Sie nicht stärker. Wenn Sie sich ärgern, werden Sie weder kräftiger noch intelligenter.

Zerstören Sie nicht den geplanten Tagesablauf

Lassen Sie sich vom Ärger nicht den Tag zerschlagen. Ziehen Sie nicht auf Wanderschaft, um das Ereignis jedem mitzuteilen, der das Unglück hat, von Ihnen erreichbar zu sein. Fangen Sie nicht an, mit jedem zu telefonieren, dessen Nummer nicht besetzt ist.

Stellen Sie sich vor, niemand wäre persönlich erreichbar. Wo Sie auch anriefen, meldete sich ein Anrufbeantworter. Hätte es nicht eine gewisse Komik, wenn Sie anfingen, 15 Anrufbeantwortern den Wahnsinn zu erzählen, der Ihnen gerade passiert ist? »Lieber Anrufbeantworter, Sie werden es nicht für möglich halten, mir ist eben eine Sache zu Ohren gekommen ...«

Voller Mitgefühl beendet dann der Anrufbeantworter das Gespräch: »Ihr Ärger wurde registriert. Vielen Dank für Ihren Anruf. Ende der Durchsage!«

Die Wirkung des Ärgers umkehren

Überlegen Sie, wie Sie die negative Wirkung des Ärgers neutralisieren oder umkehren können. Hierfür stehen Ihnen zwei Fragen zur Verfügung:

1. Was unternehme ich gegen diesen Ärger?
2. Wie mache ich mir das ärgerliche Ereignis nutzbar?

Sie können den Ärger als Chance sehen. Die Hohe Schule der Ärgerbehandlung besteht darin, den Ärger als Startbasis für eine erfolgreiche Aktion einzusetzen.

Ärger bringt Sie in Kontakt mit dem Ärgerverursacher. Diesen können Sie wegen des Ärgers zur Rede stellen, angreifen und bekämpfen.

Sie können aber auch einfach arglos davon ausgehen, dass der Ärger als eine Art Heiratsvermittler tätig wurde, um Sie mit dem Verursacher zusammenzuführen.

Was können Sie an positiven Konsequenzen aus dieser bewirkten Konfrontation ziehen? Vielleicht kommen Sie von der Konfrontation zu einer Kooperation. Vielleicht ist nicht der Ärger das Entscheidende, sondern der bewirkte Kontakt.

Meister der »Reklamationsbehandlung« wissen, was hier gemeint ist. Sie benutzen eine Reklamation als Chance und verwandeln den reklamierenden Kunden in einen Geschäftsfreund.

Der Zeitsprung in die Zukunft

Lösen Sie sich möglichst schnell von der Betrachtung der Vergangenheit und der Gegenwart. Fragen Sie nicht nur, wie das alles geschehen konnte und ob das sein musste. Machen Sie einen Zeitsprung in die Zukunft.

Schalten Sie um auf Prävention und fragen Sie: »Was muss ich unternehmen, um zukünftigen Ärger dieser Art auszuschalten?«

Bringen Sie das Ergebnis Ihrer Überlegungen in einer Checkliste unter. Legen Sie es in einer Arbeitsanweisung fest. Schaffen Sie die erwähnten »positiven Zwangsläufigkeiten«, also organisieren Sie sich besser.

Antiärger-Fragen

Kann ich den Vorfall ungeschehen machen?

Wie kann ich seine negative Wirkung mindern?

Wie kann ich die negative Wirkung durch eine positive Aktion
- neutralisieren?
- umkehren?

Wie muss ich auf den Vorfall reagieren, um einen Erfolg daraus zu machen?

_____

_____

© Günter F. Gross

Zeitsprung

Was hat zu geschehen,
um zukünftig
Ärger dieser Art
zu vermeiden?

- Verbalisieren
- Freisprechen
- Aus den Gedanken auf Papier

➤ Ärgerliste
➤ Arbeitsanweisung
➤ Checkliste

© Günter F. Gross

Eine neue Einstellung

Wie wollen Sie Ärgernisse dieser Art zukünftig leichter ertragen? Wie wollen Sie Ihre Einstellung solchen Ärgernissen gegenüber ändern? Welche Grundsatzentscheidung treffen Sie hierzu jetzt? Wie wird Ihr Verhalten in der Zukunft aussehen, wenn Ereignisse dieser Art wieder auftreten sollten?

Das Ende des Tunnels

Wann ist für dieses Ärgerthema das Ende des Tunnels erreicht? Wann wird es einen Ärger dieser Art nicht mehr geben? Wann werden sich die Bedingungen geändert haben? Was haben Sie eingeleitet mit dieser Zielsetzung? Welche strategischen Entscheidungen haben Sie bereits gefällt?

Vier Waffengattungen für die Bekämpfung des Ärgers

Sie verfügen über vier Waffengattungen, mit denen Sie den Ärger bekämpfen können:

1. *Prävention* = die Ausschaltung von Risikofaktoren
2. *Eine neue Einstellung* = eine andere Bewertung bestimmter Ärgerarten
3. *Eine neue Reaktionsroutine* = ein anderes Verhalten, wenn Ärger auftritt
4. *Die strategische Lösung* = die konsequente Trennung von Ärgerquellen

Wut über Hilflosigkeit

Ärger ist häufig nichts als die Wut über die gegenwärtige eigene Hilflosigkeit. Ärger entsteht, wenn Sie nicht die Zeit haben, einen Angriff angemessen zu parieren.
Auf die Bedeutung zeitlicher Reserven wurde hingewiesen. Lassen Sie es uns noch einmal betonen. Sie können Ihre Zeit nicht völlig verplanen. Sie brauchen zeitliche Reserven. Nur dann können Sie schnell und kämpferisch auf Belästigungen und Angriffe reagieren.

Worüber wollen Sie sich nie mehr ärgern?

Worüber wollen Sie sich nie mehr erregen, nie mehr diskutieren und unerfreuliche Gespräche führen?
Was wollen Sie nicht mehr hinnehmen? Was wollen Sie schnellstens aus der Welt schaffen? Schreiben Sie sich die Antworten auf diese Fragen auf. Treffen Sie die Entscheidungen.
Heute ist die große Verabschiedungs-Kundgebung für eine Reihe von Ärgernissen, die Sie nach jahrzehntelangem Aufenthalt in Ihrer Nähe in den Weltraum entlassen.

Der körperliche Angriff auf den Ärger

Reagieren Sie den Ärger körperlich ab. Machen Sie einige gymnastische Übungen. Unternehmen Sie einen entschlossenen Spaziergang. Steigen Sie einige Treppen. Atmen Sie den Ärger aus. Atmen Sie ihn weg.

DAS GÜNTER F. GROSS-ANTIÄRGER-SYSTEM

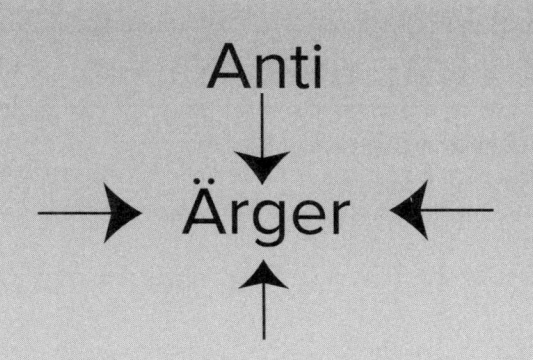

Anti
→ Ärger ←
↑

→ **Prävention**
Risikofaktoren ausschalten

→ **Neue Einstellung**
Bestimmte Ärgerarten anders beurteilen

→ **Neue Reaktionsroutine**
Bei Auftreten von Ärger anders verhalten

→ **Strategische Lösung**
Von Ärgerquellen trennen

_____

_____

_____

© Günter F. Gross

Grundsatzentscheidung!!!

Worüber wollen Sie sich
nie mehr ärgern?

1.

2.

3.

4.

5.

© Günter F. Gross

DAS GÜNTER F. GROSS-ANTIÄRGER-SYSTEM

Nehmen Sie Abschied für immer !!!

Die Trennung von einem langjährigen Lebensgefährten namens „Ärger"

„Sie haben mich nun lange genug begleitet. Sie fangen an, lästig zu werden."

Leben Sie wohl. Suchen Sie sich einen anderen!

© Günter F. Gross

Ärger, die grandiose Ideenquelle

Sehen Sie den Ärger als die Ideenquelle überhaupt. Er liefert Ihnen unzählige Ideen für Verbesserungen.

In welche Richtung der Ärger bei Ihnen wirkt, können Sie bestimmen. Entweder wirkt er gegen Sie oder für Sie. Entweder greift er Sie an oder Sie greifen ihn auf. Sie sind entweder sein Opfer oder er ist Ihr Werkzeug.

Ärger ist eine Versorgungseinrichtung von hohen Graden. Ärger liefert Ihnen den »Full Service«. Er versorgt Sie mit Rohstoffen für eine andere Einstellung, bessere Grundsätze, ein zweckmäßigeres Verhalten, Maßnahmen, Methoden und Werkzeuge.

Ärger liefert Ihnen Ansatzpunkte für eine verbesserte Kommunikation und Kooperation.

Ärger liefert Ihnen nicht nur inhaltliche Hinweise. Er liefert Ihnen auch den Antrieb, das abzustellen, was Ihnen bisher die Stimmung raubte.

Betrachten Sie den aktuellen Ärger als Auslösemechanismus für Verbesserungen. Ärger stellt sich Ihnen als duales System dar. Er ist ein System, das Sie mit Ideen und mit dem Antrieb für die Realisierung dieser Ideen versorgt.

Sie entscheiden über die Wirkung des Ärgers. Von Ihrer Reaktion hängt es ab. Entweder nimmt Ihnen der Ärger Energie oder er liefert sie Ihnen. Betrachten Sie ihn zukünftig nur noch positiv, nämlich als Treibstoff für die Rakete der Veränderungen. *Ärger beginnt mit »Ä« wie »Ändern«.*

Antiärger-System
=
„Kreativ-System"

Ärger = Super-Ideenquelle

Ärgerursachen

1. Unprofessionalität
2. Strategiefehler
3. Planlosigkeit
4. Organisationsmängel
5. Fehlende Prävention
6. Unordnung
7. Hindernisse
8. Kommunikationsfehler

Ärger
zeigt Ihnen fast alles!

© Günter F. Gross

Wer schlagfertig ist, ärgert sich weniger!

> Die meisten von uns sind unglaublich schlagfertig.

Das Ärgerliche dabei:

mit einer zeitlichen Verschiebung

von 30 Minuten

_____

_____

_____

_____

_____

© Günter F. Gross

Sich ärgern & sich sorgen

Bestimmen Sie dafür,
wie Sie das auch
für andere Aufgaben tun,
pro Woche

einen festen Termin

Mittwoch
von 11.30 Uhr
bis 12.00 Uhr

© Günter F. Gross

Ihre neue Reaktionsroutine

Bisher:
Ärger = Zerstörer der Gegenwart

> Er greift Sie an.

Jetzt:
Ärger = Treibstoff für die Rakete
der Verbesserungen

> Sie greifen ihn auf.

Ärger beginnt mit „Ä" wie Ändern.

© Günter F. Gross

Furchtlosigkeit und Lebensqualität

Furchtlosigkeit ist die entscheidende Tugend. Sie bestimmt Ihre Lebensqualität mehr als fast jeder andere Faktor. Eine der größten Erfolgskombinationen besteht aus Furchtlosigkeit, Professionalität und Charme.

Der Anstieg Ihrer Lebensqualität steht in direktem Verhältnis zur Minderung Ihrer Furchtsamkeit. Furchtlosigkeit multipliziert Ihre Lebensqualität. Furchtlosigkeit unterscheidet Sie von anderen. Sie ist außergewöhnlich.

Aus Furcht wird alles verdorben

Furchtsamkeit wirkt negativ. Meist bezieht sie sich noch nicht einmal auf große Bedrohungen, sondern auf mögliche Geschehnisse einer geradezu lächerlich geringen Größenordnung und Auswirkung.

Furcht bringt Sie erst in die Lage, die Sie vermeiden möchten

Studieren Sie Ihre Historie. Welche Entscheidungen haben Sie in Panik und Furcht getroffen? Welche Folgen für Ihr Leben und das Ihrer Familie hat das gehabt?

An welchen negativen Schlüsselentscheidungen, die Sie aus Furchtsamkeit getroffen haben, leiden Sie heute noch? In welche katastrophale Lage hat Sie die Furchtsamkeit vor dem Entstehen einer möglichen Situation gebracht?

Viele sind aus Furcht vor der Zukunft in eine Katastrophe in der Gegenwart geraten. Furcht stellt die Weichen falsch.

Furchtlos, aber nicht sorglos

Wenn manche das Wort »Furchtlosigkeit« hören, denken sie automatisch an das kompensierende Göttergeschenk an diejenigen, die beim Austeilen der Intelligenz zu kurz gekommen sind. Viele gehen bei der Beurteilung des Begriffes »Furchtlosigkeit« davon aus, dass diese nur dann gegeben sein kann, wenn die Fähigkeit zur Beurteilung der Lage fehlt.

Natürlich gibt es diese Art furchtloser Persönlichkeiten. Sie ist ein Wesensmerkmal der vitalen und enthusiastischen Dilettanten, die bereit sind, mit größter Gelassenheit in jede Katastrophe hineinzuspringen.

Es ist die Art von Furchtlosen, die besonders dann furchtlos sind, wenn andere die Folgen tragen.

Nicht gemeint ist bei unserem Ansatz also die Furchtlosigkeit des Geisterfahrers, die sich aus einer reinen Verkennung der Lage ergibt.

Es ist auch nicht gemeint der naive Optimismus, der das Gegenteil der Professionalität ist. Der Optimismus des Naiven lautet: »Es wird schon gut gehen!« Der Optimismus des Profis lautet: »Ich werde alles tun, damit es nicht schlecht geht!«

Furchtlosigkeit muss selbstverständlich mit Umsicht und Besonnenheit gepaart sein. Der Arglose im Chaos ist keineswegs der Furchtlose. Furchtlosigkeit ist nicht Unvorsichtigkeit. Selbstverständlich kennt sie das präventive Denken. Es ist geradezu die Voraussetzung, um furchtlos sein zu können. Es ist Umsicht da. Alles das wird jedoch offensiv und entschlossen wahrgenommen. Furchtlosigkeit führt Sie zu einer offensiven Form der Prävention und Verteidigung. Das ist der gedankliche Ansatz.

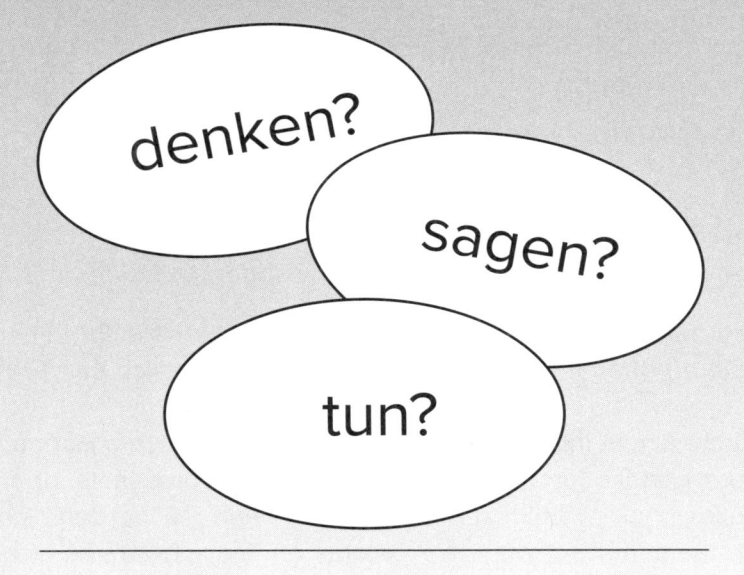

FURCHTLOSIGKEIT UND LEBENSQUALITÄT

> Furcht ist die
> Mutter des Misserfolges.

Was könnte er ...
Was könnte sie ...

- denken?
- sagen?
- tun?

_____
_____
_____
_____

© Günter F. Gross

Der Lohn der Furchtlosigkeit

Sie erhöht Ihren Freiheitsspielraum. Sie werden unabhängig und verknüpfen sich nicht zwanghaft mit Personen und Aufgaben.
Mit Furchtlosigkeit wappnen Sie sich gegen das Chaos. Furchtlosigkeit ist Ihre Rüstung und ein Schutzschild. Furchtlosigkeit führt Sie zu einem offensiven Verhalten. Jeder Mensch braucht die Offensive. Ein Mensch mit offensiver Haltung hat eine völlig andere Stimmung als das Mitglied einer Armee auf dem Rückzug.
Furchtlosigkeit ist der Schlüssel für viele Türen. Es ist ein Passepartout.
Mut und Zivilcourage beeindrucken andere und halten sie in ihren Grenzen. Furcht hingegen verändert jede Lage für Sie negativ.

Furchtlosigkeit ist die Basis der Gelassenheit

Sie werden vom Amboss zum Hammer. Sie gestalten Ihr Leben selber. Sie erhöhen Ihre Lebensfreude und erhalten sich Ihre Fröhlichkeit.
Furcht nimmt Ihnen die Stimmung und die Kraft zum Handeln.
Nur wenn Sie furchtlos sind, haben Sie die Voraussetzung für ein schnelles und entschlossenes Voranschreiten. Sie werden nicht gelähmt. Sie gehen schwierige Probleme an. Sie schwanken nicht. Sie wechseln Ihre Ziele nicht ständig.
Angebahnte Chancen verfolgen Sie nachdrücklich. Sie geben sich nicht selbst den Befehl stehen zu bleiben. Nichts ist schwierig für Sie, wenn Sie furchtlos sind.
Furchtlosigkeit verhindert die Resignation. Sie werden stärker in Machtkämpfen. Von den Alternativen »Kampf oder Unterwerfung« wählen Sie die erste.

Furchtlosigkeit macht Sie fähig, »Nein« zu sagen. Sie verhindert Resignation. Sie bringt Sie dahin, dass Sie keine Schwäche zeigen.

Es herrscht keine Aufregung mehr, keine Hektik und keine Hysterie. Es gibt kein kleinkariertes Hin und Her.

Wenn Sie furchtsam sind, führen Sie aus innerer Unruhe kaum eine Arbeit zu Ende. Sie flüchten von einer halb fertigen Arbeit in die andere.

Sie fühlen sich ständig zu Präventionsmaßnahmen gezwungen. Häufig sind es Maßnahmen, die vom Sachlichen her unnötig sind. Nur die Furcht treibt Sie an diese Dinge. Mit Furcht verlieren Sie ein geradezu unglaubliches Volumen an Zeit. Sie sind ständig gezwungen, präventiv oder reagierend irgendetwas abzusichern.

Sie suchen nach Stützgerüsten

Sie nehmen laufend Neues auf sich, weil Sie befürchten, irgendwann ohne Anlehnung dazustehen. Wenn Sie sich fürchten, suchen Sie sich die Sicherheit eines stützenden Gerüstes. In Wirklichkeit ist das alles andere als ein Gerüst. Es stützt Sie nicht, sondern drückt Sie nieder oder presst Sie an die Wand.

Im Laufe der Zeit wird die Anlehnung, die in Wirklichkeit eine Belastung ist, lebensnotwendig für Sie. Wenn Sie dieses Belastungsgerüst nicht mehr haben, fallen Sie um oder zittern in Freiheit.

Ein freier Spielraum ohne einschränkendes Korsett ist für Sie nicht mehr ertragbar. Sie werden unfähig, sich allein in großen, freien Zeiträumen aufzuhalten, ohne die stützende und sichernde Wirkung einer ständigen Belastung.

Furcht und Redesucht sind Zwillinge

Furcht zerstört die Selbstdisziplin. Viele Gespräche verdanken ihre Existenz der Furcht. Ihre Freiheit können Sie sich jedoch nur erhalten, wenn Sie verschwiegen sind.

Redesucht aus Furcht macht Sie abhängig und verletzbar. Einerseits werden Sie unfähig, bestimmte wichtige Themen zu behandeln und sich präzise zu artikulieren. Andererseits befällt Sie eine pathologische Rede- und Mitteilungssucht. Furcht bewirkt, wie ein Seebeben, Wogen von Wörtern.

Furchtlosigkeit ermöglicht Charme

Furchtlosigkeit ist die Basis der Liebenswürdigkeit. Es wäre eine völlig einseitige Betrachtungsweise, Furchtlosigkeit nur als Mittel zu betrachten, Widerstände zu überwinden und Ziele durchzusetzen.

Auch zur Umarmung gehört Furchtlosigkeit. Sie ist nicht nur Ausstattung zum Kampf. Sie ist auch Voraussetzung für die Demonstration von Zuneigung.

Auch Zuwendung ist ein Kraftakt. Auch Liebenswürdigkeit bedarf der Gelassenheit. Sie haben keine Furcht, also scheuen Sie sich nicht, jemandem etwas Nettes zu sagen oder zu schreiben. Sie loben, ohne gehemmt zu sein. Sie spenden Anerkennung, ohne sich zu fragen, wie der andere das vielleicht aufnehmen könnte.

Sie können Ihr Leben selbst leben

Sie können Ihr Leben selbst gestalten. Sie können das verändern, was Ihnen nicht gefällt. Sie können ablehnen, was Sie nicht wollen. Sie können Kontakte herstellen und Kontakte beenden. Sie können Partner gewinnen und sich von Partnern trennen.

Sie handeln schneller und entschlossener. Sie überlegen nicht lange, wie Sie das Springen über einen Graben im Einzelnen zu planen haben. Sie springen einfach. Sie verteidigen Ihre Zeit. Sie kämpfen hartnäckig um Termine, die Ihnen passen. Sie lassen sich nicht hetzen. Sie werden ruhig, entspannter und galanter.

Madariaga beschreibt das Bildnis eines aufrecht gehenden Menschen. Für ihn gibt es den Baummenschen und den Herdenmenschen. Man kann Mitglied einer Herde sein, dann ist man geschützt von anderen Leibern. Aber man ist nicht mehr frei und unbeschwert. Nur Furchtlosigkeit befreit einen vom Herdendasein.

Mit Furchtlosigkeit machen Sie andere erfolgreicher. Das gilt für Ihren Ehepartner, Ihre Kinder und Ihre Mitarbeiter. Sie machen anderen das Leben leichter. Sie nehmen Angst und versorgen mit Fröhlichkeit. Als Furchtloser sind Sie ein Gewinn für die Menschheit, besonders für den Teil, der Ihnen nahesteht.

Sie brauchen ein Furchtlosigkeitsprogramm

Dazu gehören philosophische Regeln, Strategiegrundsätze und Methoden.

Sie brauchen Grundsatzentscheidungen für den Umgang mit anderen und den Stil Ihres Auftretens. Sie benötigen einen »Rhythmus« der Furchtlosigkeit.

Analysieren Sie die Ursachen Ihrer inneren Unruhe bis hin zur Angst. Angst ist häufig das Fehlen konkreter Zahlen. Sollten Sie eine mögliche Entwicklung als beängstigend ansehen, dann versuchen Sie schnellstens, die Größenordnung der Bedrohung in Form von Zahlen zu gewinnen. Je weniger Verschwommenheit da ist, umso weniger Angst bleibt.

Kernaufgaben

- Angst und Furcht nehmen
- beruhigen
- Zuversicht übertragen, positiv stimmen
- motivieren
- Kraft liefern

_____

_____

_____

_____

_____

_____

© Günter F. Gross

Nehmen Sie Hindernisse als Normalität

Lassen Sie sich von diesen Hindernissen nicht lähmen und emotionalisieren. Hören Sie auf zu grübeln. Fangen Sie an zu handeln. Schreiten Sie voran.

Gehen Sie ein schwieriges Problem mit der Begeisterung dessen an, der weiß, dass die Vorteile der Lösung enorm sein werden. Dabei wird einer der größten Vorteile die positive Entwicklung Ihrer Stimmung sein.

Entwickeln Sie eine Gelassenheitsroutine

Hektik ist lächerlich. Zwingen Sie sich zur Ruhe. Kommen Sie von der Furcht zu einer heiteren Gelassenheit. In Ihr »Stil-Programm« gehört ein Verhalten, das sich beschreiben lässt als gelassen, gelöst, fröhlich, freundlich.

Reagieren Sie auf Bedrohungen nicht in Panik

Handeln Sie nicht in einer sofortigen Überreaktion. Halten Sie sich mit Zugeständnissen zurück. Bleiben Sie stehen. Lassen Sie sich nicht von anderen wegschieben.

Verhalten Sie sich kämpferisch. Überwinden Sie Hindernisse kalten Blutes. Verfolgen Sie Ihre Ziele entschlossen und mit einem Empfinden für Dringlichkeit. Tun Sie sofort, wovor Sie sich fürchten. Nehmen Sie den Hörer zur Hand. Rufen Sie an.

Weniger abhängig von Reizen

Desensibilisieren Sie sich. Werden Sie weniger abhängig von Reizen. Sie müssen weniger beeinflussbar werden von Drohungen, drohenden Gefahren und den Beschwörungen der Panikmacher.
  Lassen Sie sich von Ihrer Vorstellungskraft nicht terrorisieren und in eine negative Stimmung befördern. Rechnen Sie aus, was eine bestimmte Bedrohung finanziell und sicherheitsmäßig für Sie bedeutet. Prüfen Sie, wie eine dadurch bedingte veränderte Lage aussehen würde. Bedenken Sie dann, was Sie an Optionen haben und welche Präventionsmaßnahmen jetzt zu treffen sind.

Sprechen Sie eine furchtlose Sprache

Werfen Sie ängstliche Begriffe aus Ihrem Sprachschatz hinaus. Verwenden Sie positive Begriffe, die Furchtlosigkeit signalisieren.
  Befreien Sie Ihr Story-Repertoire von allen negativen Geschichten.
  Werden Sie furchtlos, indem Sie Ihre Sprechweise verändern. Sprechen Sie langsam und gelassen. Sprechen Sie deutlich und laut genug. Sehen Sie Ihrem Gesprächspartner in die Augen.
  Werfen Sie Füllmaterial und Blabla aus Ihren Gesprächen hinaus. Scheuen Sie sich nicht, Pausen beim Sprechen zu machen.
  Unterlassen Sie die traurigen Seufzer der Befangenheit: »Äh, äh, äh!«

Furchtlosigkeit und Ästhetik

Setzen Sie ästhetische Mittel ein, um Ihre Stimmung zu fördern. Eine gute Stimmung ist die Hälfte des Weges zur Furchtlosigkeit. Gestalten Sie Ihr Umfeld positiv und optimistisch. Wählen Sie eine bessere Beleuchtung. Bringen Sie Schönheit und Helligkeit in Ihr Umfeld hinein.

Erkennen Sie Ihre Sicherheit

Halten Sie fest, was Sie unter Sicherheit verstehen. Gehen Sie von einer bestimmten Lebenserwartung aus. Vergleichen Sie das, was Sie brauchen, mit dem, was Sie haben, und dem, womit Sie auskommen könnten.

Furchtlosigkeit ist das Wissen um Ressourcen, eine Alternative und die Entschlossenheit, im Ernstfall auch mit knappen Mitteln auszukommen.

Planung

Versuchen Sie nicht, zur Furchtlosigkeit über eine »Ein-Jahres-Betrachtung und -Planung« zu kommen. Bewerten Sie nicht immer nur den Ein-Jahres-Zeitraum.

Budgetieren Sie für einen längeren Zeitraum. Tun Sie das auch bei Ihrem Zeitetat.

Analysieren Sie mögliche Bedrohungen

Arbeiten Sie Eventualpläne aus. Sichern Sie sich positive Ergebnisse, indem Sie mehr Zeit einsetzen für

- Vorbereitung,
- Prävention,
- Sicherungsmaßnahmen,
- Beziehungspflege.

Lassen Sie sich nicht einschüchtern

Lassen Sie sich nicht als Schwächling behandeln. Laufen Sie anderen nicht nach. Buhlen Sie nicht um die Freundschaft brutaler Personen.

Geben Sie nicht ständig Erklärungen ab. Entschuldigen Sie sich nicht laufend. Machen Sie keine Vorwürfe. Führen Sie keine aufgeregten Streitgespräche.

Lassen Sie sich von Hindernissen nicht entmutigen. Seien Sie nicht deprimiert darüber, dass es nicht oder nicht schnell genug vorangeht.

Fürchten Sie sich weder vor dem, was andere sagen könnten, noch vor dem, was andere tun könnten. Lassen Sie sich von anderen überhaupt weniger beeindrucken.

Verfechten Sie Ihren Standpunkt mit Furchtlosigkeit und Charme gegenüber denen, die Sie mögen. Tun Sie es mit Furchtlosigkeit, Härte und Höflichkeit gegenüber den anderen.

Versuchen Sie nicht, jeden um jeden Preis zufriedenzustellen. Sie können es nicht schaffen. Wenn Sie es bei jedem versuchen, gehen Sie daran zugrunde.

Es gibt eine Extremform von Bemühtheit anderen gegenüber. Sie verdient den Namen »unwürdige Beflissenheit«. Für ein Verhalten dieser Art bekommen Sie weder Sicherheit noch Anerkennung.

Manche Personen vertragen keine Freundlichkeit. Dieser Begriff steht nicht in ihrem Wörterbuch. Sie verwechseln Freundlichkeit automatisch mit Schwäche. Legen Sie also fest, bei wem Sie mit Freundlichkeit und liebenswürdigen Bemühungen nicht weiterkommen, sondern nur das Gegenteil Ihrer Absichten erreichen.

Sie können nicht jeden ändern

Irgendwann kommt der letzte Versuch. Dann können Sie sich nur noch selbst ändern. Für bestimmte Sachverhalte, Situationen und Personen bleibt Ihnen nur die Resignation: *»Hier stehe ich, er kann nicht anders!«*

Dabei kann es Ihnen passieren, dass der andere erkennt, zu welchem resignierenden Beurteilungsergebnis Sie gekommen sind. So möchte er es nun auch wieder nicht. Also ändert er sich nur deshalb, weil Sie es nicht mehr für möglich halten, dass er sich ändern könnte. Dann haben Sie das erreicht, was Sie zu Anfang wollten. Die strategische Formel lautet: *Erst wenn Sie auf etwas verzichten, wird es Ihnen geliefert!*

Optimistische Partner

Beschäftigen Sie sich mehr mit Kontaktstrategie. Die Qualität Ihres Lebens wird bestimmt von der Wahl Ihrer Partner. Mit wem wollen Sie zusammen sein? Mit wem nicht? Welche Machtmöglichkeiten haben Sie hier? Wen wollen Sie möglichst weit von sich entfernt halten?

Kommen Sie mehr mit optimistischen und furchtlosen Menschen zusammen. Haben Sie keine Hemmungen vor einer Kontaktaufnahme zu Persönlichkeiten dieser Qualität.

Furchtlose Menschen haben es nicht nötig, andere zu terrorisieren. Sie ruhen in sich selbst und müssen nicht die Territorien anderer an sich reißen. Sie lassen anderen Menschen einen Freiheitsspielraum und genießen die Existenz anderer freier Menschen.

Nur der Schwächling kann keine freien Menschen ertragen. Er hasst sie. Der wortgetreu wiedergegebene Satz einer Person dieser Art lautet: *»Der Kerl ist mir zu sicher!«*

Hier ist auch alles enthalten. Die Diffamierung eines anderen und der Hass, dass es jemanden gibt, der stärker ist.

Halten Sie sich solche Menschen vom Leibe. Kümmern Sie sich nicht um die Giftpilze.

Was Sie als Partner brauchen, sind nicht die Gestalten der Nacht, sondern Menschen mit einem sonnigen Gemüt. Es gibt genügend. Wo die Furchtlosigkeit herrscht, da sind sie zu finden.

Blicken Sie nach vorn

Seien Sie umsichtig, aber nicht nur vorsichtig. Übergroße Vorsicht bremst die Wahrnehmung enormer Chancen.

Handeln Sie offensiv oder defensiv?

Der Defensive sieht eine Schwierigkeit in jeder Gelegenheit.
Der Offensive sieht eine Gelegenheit in jeder Schwierigkeit.
Der Defensive fragt: »Wo geht es nicht?«
Der Offensive fragt: »Wo geht es?«
Für den Defensiven kommt eine Lösung nur dann infrage, wenn sie immer und überall funktioniert. Der Offensive findet sie bereits hervorragend, wenn sie in 30 Prozent aller Fälle wirkt. Er sucht einfach nach weiteren Lösungen.
Der Defensive verlangt den Stein der Weisen.
Der Offensive legt sich eine Steinsammlung an.
Der Defensive igelt sich im selbst gewählten Kessel ein. Er lässt sich den Ort des Handelns aufzwingen. Er reagiert auf das, was von außen auf ihn eindringt. Der Offensive bricht aus dem Kessel aus. Er wählt den Ort des Handelns selbst. Er agiert.
Der Defensive jammert über die Entwicklung. Der Offensive registriert sie, beeinflusst sie und nutzt entschlossen die Chancen, die sie bietet.
Der Defensive antwortet mit »Ja, aber ...«.
Der Offensive antwortet mit »Ja – und deshalb ...«.

Wer über dem **Un** möglichen das **Mögliche** versäumt, ist ein Tor !!!

(Carl von Clausewitz)

_____

_____

_____

_____

© Günter F. Gross

Der Defensive ändert seine Routine erst dann, wenn man ihn dazu zwingt und wenn es gar nicht anders geht. Der Offensive ist ständig dabei, unsinnig gewordene Routine aufzugeben und eine bessere Routine zu entwickeln.

Der Defensive konzentriert sich auf Sachverhalte, Methoden, Werkzeuge und Mittel. Der Offensive konzentriert sich auf Menschen.

Der Defensive betrachtet Bemühungen um seine Partner als Hinterherlaufen, Zeitverschwendung und Prestigeverlust. Der Offensive genießt Menschen. Er bemüht sich gern um sie. Er tut das mit heiterer Gelassenheit und selbstsicher. Das Echo auf seine Bemühungen macht ihn noch optimistischer.

Der Defensive klagt, der Offensive wagt.

Der Defensive pflegt heilige Kühe, der Offensive isst Steaks.

Der Defensive redet, der Offensive handelt.

Der Defensive fragt: »Warum?«

Der Offensive fragt: »Warum nicht?«

Der Defensive hat Einwände und der Offensive hat Ideen.

Beim Defensiven ist alles immer ganz anders. Bei ihm ist alles speziell. Methoden aus anderen Bereichen kann er bei sich nicht brauchen. Der Offensive hingegen meint, so wie bei ihm muss es auch bei vielen anderen aussehen. Vielleicht haben die also Lösungen für ihn.

Der Defensive hat den Sprachschatz der Abwehr: »Das ist verboten, das geht nicht, das geht aber nicht überall, das geht aber nicht immer, das geht aber nicht bei jedem!«

Der Offensive braucht nur einen Satz: »Haben Sie vielleicht noch eine gute Idee?«

Der Defensive sagt: »Alles Theorie!« Der Offensive sagt: »Herzlichen Dank!« Der Defensive vergiftet jede Ideenquelle. Der Offensive kümmert sich um sie, pflegt sie und hält sie am Sprudeln. Der Defensive lähmt seine Partner und zerstört ihr Selbstvertrauen. Der Offensive macht sie aktiv und leistungsfähig.

Der Offensive weiß, dass mit neuen Problemen auch ein Bedarf für neue Problemlösungen kommt. Sein Credo lautet: »Keine Probleme, keine Chancen!«

Offensives Verhalten stärkt die Kreativität. Es überwindet die Furcht und macht lebendig. Wenn sich aber die Mundwinkel nach unten bewegen, dann verlassen die Ideen das Gehirn und die Sonne verschwindet hinter den Wolken.

Defensives Verhalten macht mürrisch. Offensives Verhalten macht fröhlich. Fröhlichkeit steckt an und gibt Mut – Ihnen und allen, die Sie mögen.

Das »Privat Profi«-Programm

DAS »PRIVAT PROFI«-PROGRAMM

Dieses Kapitel liefert Ihnen ein Programm, das Ihnen im Detail sagt, womit Sie beginnen, welche Maßnahmen Sie treffen, welche Gewohnheiten Sie etablieren, und womit Sie aufhören sollten. Das Ziel ist die entschlossene Begründung von Strategiefähigkeit und Professionalität im Privatleben.

Professionalität wird dort als nötig vorausgesetzt, wo eine Ausbildung erforderlich ist, Aufstiegschancen existieren, Wettbewerb herrscht, geplant wird, Ziele und Leistungen vorgegeben werden, Ergebnisse gemessen und die erbrachten Leistungen bezahlt werden. Das im Privatleben Geleistete wird nicht bezahlt. Es existiert auch keine Ausbildung dafür, Beförderungen und Titelverleihungen finden nicht statt. In seiner Größenordnung wird es kaum wahrgenommen, in seiner Bedeutung zu wenig erkannt, nicht gemessen, häufig auch nicht gewürdigt und Ziele werden kaum gesetzt. Wenn doch, dann beziehen sie sich, wie im Berufsleben, vorwiegend auf das Materielle, also das, was sich in Zahlen ausdrücken lässt, Einnahmen, Ausgaben, Anschaffungen.

Ihr immaterielles Vermögen

Das immaterielle Vermögen, das die Lebensqualität, die Lebensfreude und das Lebensglück bestimmt, wird weder definiert noch schriftlich dargestellt. Leitlinien werden nicht formuliert, Ergebnisse nicht gemessen. Das sind einige der Gründe dafür, dass es uns schwer fällt, auf die Idee zu kommen, auch das immaterielle Vermögen professionell, planvoll und methodisch zu sichern und zu mehren.

Zeit, Freiheit, Unabhängigkeit, eine glückliche Beziehung, Gesundheit, Fitness, Vitalität, Elan, Enthusiasmus, Optimismus, Unternehmungslust, Lebensfreude, Hoffnung, Freude an der Zukunft, Wagemut, Gelassenheit, innere Ruhe, Zufriedenheit, Ausdauer, Beharrlichkeit, das sind nur einige der immateriellen Vermögenswerte. Aber, was für Werte! Jeder einzelne von ihnen. Das Finanzielle hat dem immateriellen Vermögen zu dienen. Sind für den Erwerb des Finanziellen zu viele Elemente des immateriellen Vermögens zu opfern, Gesundheit, Freiheit, Zeit, Kraft, Stimmung, verfehlt es seinen Zweck. Es zerstört das, was es schaffen und sichern soll.

Professionalität

Bevor wir also betrachten, was Professionalität im Privaten bedeutet, sollten wir prüfen, wie professionell wir im Beruflichen wirklich sind. Je mehr ein Mensch von anderen als der große Profi betrachtet wird, umso sicherer können wir sein, dass dieser selbst die größten Zweifel hat und recht genau weiß, was nötig wäre, um sich auf dem Weg zum Profi betrachten zu dürfen.

Die meisten kämpfen beruflich mit allem, was sie an Zeit und Kraft haben – und dem Privatleben an Zeit entziehen können – darum, das zu erreichen, worauf sie sich eingelassen haben. Für sie bezieht sich »professionell« darauf, bei einer übernommenen Aufgabe planvoll, methodisch, umsichtig und sorgfältig vorzugehen. Das fesselt und belastet sie so, dass ihnen keine Zeit und Kraft mehr bleibt, die Fragen »warum« und »warum überhaupt« zu stellen. Sie sind zu belastet um kritisch zu durchdenken, ob sie das, was sie tun, überhaupt tun sollten. Es beherrscht sie nur ein Gedanke, es zu schaffen, gegen alle Widerstände und bis zu einem bestimmten, drohenden Termin.

Überlastung

Überlastung ist eine Folge mangelnder Strategiefähigkeit. Wenn Sie zu wenig entschlossen und kritisch prüfen, wofür Sie da sind, wie Sie sich positionieren sollten, was Sie tun sollten, welche Ziele Sie anstreben und welche Sie vergessen sollten, auf welche Projekte Sie sich einlassen und vor welchen sie sich hüten sollten, dann werden Sie niemals die Zeit haben, aus der die Freiheit erwächst. »Glück ist nicht eine Frage der Chancen, sondern eine Frage der Wahl!« (Isaac Newton).

Die meisten fragen: »Was muss ich unternehmen, um Erfolg zu haben?« Sie sollten sich häufiger fragen: »Was muss ich unterlassen?« Fragen Sie sich bei jedem Antrag, den Sie oder andere auf Ihre Zeit stellen, ob es wirklich wert ist, dafür Zeit zu investieren, ob die eigenen Kräfte dafür ausreichen und welche Opportunitätskosten entstehen. Was Sie an Zeit und Kraft für Ihr Privatleben behalten, hängt ab von der Art und dem Volumen der Projekte, auf die Sie sich beruflich einlassen. Je mehr Fronten Sie eröffnen, umso geringer wird die Wahrscheinlichkeit, an jeder oder auch insgesamt einen Erfolg zu erzielen. Nicht umsonst zählt die überdehnte Frontlänge zu den größten strategischen Fehlern.

Werden Sie nicht zum großen Könner im Kleinen. Gehen Sie auf das zu, was es wert ist, Teile Ihrer Lebenszeit zu erhalten. Dann geraten Sie auch nicht in die Lage dessen, der diesen Brief schreiben musste: »Ich danke Ihnen für Ihre großzügige Einladung zum Besuch der Goldmine. Leider kann ich sie nicht annehmen. Ich arbeite seit Monaten an einem Kieselstein-Projekt, das meine gesamte Zeit beansprucht!«

Konzentration

Sie müssen nicht alles tun, was Sie können, was Sie besser können als andere, was Ihnen Ehre einbringen könnte, was Ihnen verlockend erscheint, worum Sie gebeten werden. Die Verlockung ist die Vorbotin der Belastung. Ihre Mutter ist die Verzettelung. Nur wenige Verpflichtungen sind unabwendbar und außerhalb unseres Einflussvermögens. Prüfen Sie, was Sie dazu treibt, sich für etwas anzubieten, was anderen erlaubt, von Ihrem Zeitkonto das abzubuchen, was sie haben möchten. Verbessern Sie Ihre Zeitverteidigung und die dafür nötige Argumentation. Nehmen Sie keine Kontakte auf, von denen Sie wissen sollten, dass sie nichts anderes bringen als Zeitverluste. Sagen Sie nichts zu ohne Bedenkzeit. Machen Sie keine halben Zusagen, die von anderen als Verpflichtung aufgefasst werden könnten.

Die meisten glauben, sie sind gescheitert, wenn ihnen etwas nicht gelingt. Nein, Sie sind dann gescheitert, wenn Sie es erreicht, und dafür zu viel geopfert haben. Gesundheit, Zeit, Kraft, Stimmung – Teile ihres Wesens, vieles von dem, was Sie einmal für sich und andere waren. Beenden Sie das, was Sie als falsch erkannt haben. Sagen Sie nicht: »Wir haben dafür bereits so viel Zeit und Geld aufgewandt, dass wir es nicht mehr abbrechen können. Es wäre sonst alles umsonst gewesen. Vor allem aber, was würden die anderen dazu sagen!« Beenden Sie es. Liefern Sie sich nicht dem Falschen aus, nur weil es so mühsam und kostspielig war, die Hindernisse auf dem Weg dahin zu überwinden. Betrachten Sie die entstandenen Kosten als Studiengebühren. Und wegen möglicher Kommentare anderer weiter auf die Klippen zuzugehen, wäre auch nicht besonders weise.

Durchdenken Sie Ihre Absichten. Welche sollten Sie realisieren? Welche vergessen? Mit jedem Projekt, auf das Sie verzichten, liefern Sie denen, auf die Sie sich konzentrieren, zusätzliche Zeit und Kraft. Sie mindern die Komplexität, sind nicht mehr unterwegs von einer Baustelle zur anderen, verlassen die Nebenwege und Sackgassen und kehren auf die Hauptstraße zurück. Nur so erreichen Sie das schneller, was Sie entlastet, befreit und sichert.

Zeitverteidigung

Vergessen Sie nie den zentralen Sinn Ihres Handelns. Was Sie auch tun, es hat dem Gewinn und der Erhaltung Ihrer Freiheit zu dienen. Freiheit ist die Verfügungsgewalt über die eigene Zeit und andere Ressourcen. Freiheit werden Sie nur dann gewinnen, wenn Sie seh- und urteilsfähig für das werden, auf was Sie sich einlassen, was Sie sich aufladen, und welchen Zugang Sie fremden Mächten zu Ihrem Lebens- und Zeitterritorium erlauben. Jede Zusage, jede Übernahme einer Aufgabe oder Arbeit begründet eine Zeitschuld, und damit eine Forderung anderer an Sie. Vielen fehlt in ihrem Sprachschatz der Begriff »Zeitschuld«. Somit können sie nicht einmal benennen, auf was sie sich einlassen.

Gefährdet sind die unternehmerischen, kreativen und begeisterungsfähigen Menschen. Sie sind auf Anhieb so fasziniert vom Thema und Inhalt der zu erbringenden Leistung, dass sie den dafür zu zahlenden Zeitpreis weder analysieren noch berechnen. Damit lassen sie sich immer wieder auf etwas ein, was sie zwar fachlich vermögen, wozu sie jedoch zeitlich und kräftemäßig nicht in der Lage sind. Es gibt mehr Hasardeure im Umgang mit der Zeit als mit dem Geld. Sorgen Sie dafür, dass Sie zu jedem Zeitpunkt den Status Ihrer zeitlichen Machtmöglichkeiten abrufen können: Ihre zeitlichen Verpflichtungen und Ihre zeitlichen Reserven. Lassen Sie sich auf kein Projekt ein, das Sie in den zeitlichen Ruin treiben könnte, auch wenn Sie es noch so verlockend finden. Gehen Sie nicht an die Grenze Ihrer zeitlichen Möglichkeiten. Zur Sicherheit bedarf es zeitlicher Reserven. Das gilt nicht nur für Probleme, sondern auch für Chancen, die sich plötzlich bieten. Nur wer wenigstens eine Hand frei hat, vermag dann zuzugreifen.

Zu viele sind zeitlich längst illiquide, und lassen sich dennoch auf weitere Verpflichtungen ein. Bei jeder neuen hoffen sie, dass sie es ist, die den entscheidenden Sprung oder die große Rettung bringen könnte, alle Engpässe sprengt, alle Bedrohungen beendet und das Leben anhaltend leichter macht. Sie gehen davon aus, endlich den leichten Weg gefunden zu haben und damit das Ende aller Mühsal. Nicht bewusst ist ihnen dabei eine Erkenntnis: Auf der Suche nach dem leichten Weg passieren die meisten Unfälle. Dem Versuch, elegant die Kurve zu kriegen, macht die Fliehkraft den Garaus. Bei Einfahrt in die Kurve herrscht höchste Euphorie, später heißt es resignierend: »Damit konnte keiner rechnen!«

Geben Sie nicht zu früh große Teile Ihrer Zukunft weg. Blockieren Sie Zeiträume, die Ihnen in der Zukunft allein zu gehören haben.

Gehen sie sparsam mit Ihren Ressourcen um. »Jedes Zuviel ist umsonst, wenn ein Weniger denselben Dienst tut.« (Newton). Das gilt für alles, was Sie aufwenden und verbrauchen, Zeit, Kraft, Raum und finanzielle Mittel. Aber auch für den Aufwand an Kontakten, Präsenz und die Anzahl der gelieferten Worte. Versprechen Sie nur das Minimum. Kämpfen Sie um Termine, die Sie ohne zu große Belastung einhalten können. Erleichtern Sie es anderen, sich Ihnen gegenüber professionell zu verhalten. Werden Sie schneller, dann sind Sie die Last früher los.

Wenn Sie sich in Ihrem Berufsleben an diese strategischen Regeln halten, werden Sie einen enormen Freiheits- und Zeitgewinn für ein kreatives und aktives Privatleben erzielen.

Dann haben Sie die Chance, auch privat professionell zu agieren.

Strategie und Taktik privat

Auch im Privatleben haben Sie es mit Strategie und Taktik zu tun. Taktisch gesehen ist es die Etablierung von Verhaltensregeln und Gewohnheiten. Strategisch ist es das Erkennen der privaten Aufgaben und Ziele sowie die Schaffung der Bedingungen, die es ermöglichen, ein glückliches Privatleben zu führen.

Was taktisch zu geschehen hat, ist am leichtesten zu realisieren. Ihr Verhalten und einzelne Gewohnheiten können Sie von einem Tag auf den anderen ändern. Das erfordert nicht mehr als Einsicht und einen Entschluss. Für die Sprengung der Routine gilt das Gleiche. Schwerer ist es das Strategische für ein glückliches Privatleben anzugehen. Das beginnt mit dem Erkennen der Lage: Was ist zurzeit positiv bei uns? Was erfreut uns? Was fällt uns leicht? Wer ist uns wohl gesonnen? Mit wem sind wir gern zusammen? Wer hilft uns? Was gilt es zu bewahren?

Was belastet uns? Was setzt uns unter Druck? Was ist unser Hauptengpass? Wozu kommen wir zu wenig oder überhaupt nicht? Was haben wir immer noch nicht geschafft? Was kostet uns zu viel Zeit und Kraft? Was verursacht Hetze und Hektik? Was stiehlt uns die Stimmung? Worüber machen wir uns Sorgen? Wo fehlt es an Prävention? Was ist zu schlecht organisiert? Wofür fehlt uns die Hilfe anderer?

Aufgaben und Ziele

Wo wollen wir leben? Wofür wollen wir uns Zeit nehmen? Welchen Komfort wollen wir uns gönnen? Wo wollen wir großzügiger agieren und wo sparsamer sein? Was sollte uns nicht verloren gehen? Was wollen wir tun, um nicht zu verarmen? Denken Sie bei Armut an die finanzielle Seite und an das, was Sparsamkeit zu vollbringen vermag: Was Sie in der Gegenwart sparen, brauchen Sie in der Zukunft nicht zu verdienen. Was Sie am heutigen Tag sparen, schenken Sie einem zukünftigen Tag.

Studieren Sie auch die Armutsarten, denen bisher das Recht vorenthalten wird, als Armut bezeichnet zu werden: Die Armut an Freiheit, Zeit, Kraft, Antrieb und Elan. Das Fehlen von Hoffnung, Ermutigung und Freude. Der Mangel an Freundlichkeit, Anerkennung und Dank. Kein Schutz, keine Hilfe, kein Verständnis, kein Mitgefühl. Überall Knappheit, auch dort, wo sie ohne Aufwand zu beheben wäre, denn um danken zu können, müssen wir nicht erst einen Kredit aufnehmen.

Die Zahl der privaten Aufgaben ist groß. Für jede lassen sich Ideen und Regeln entwickeln und Gewohnheiten etablieren. Betrachten Sie jede Aufgabe für sich. Sehen Sie sich die Verben an, die das benennen, was zu einem glücklichen Zusammenleben gehört: Befreien, ermutigen, schützen, stärken, begeistern, erfreuen, voranbringen, überraschen, unterstützen, entlasten, gesund erhalten.

Es lohnt sich zu betrachten, wie viel hierfür im geschäftlichen Bereich geschieht. Relationship Maintenance – Beziehungspflege zur Erhaltung des Wohlwollens und der Zuneigung der Kunden. Konkrete Programme: Freundlichkeitsprogramm, Bequemlichkeitsprogramm, Bedankprogramm, Anerkennungsprogramm, Entlastungsprogramm, Sicherheitsprogramm, Schnelligkeitsprogramm, Service und Beschwerdemanagement. Überlegen Sie, welche Programme Sie im Privatleben gerne hätten. Doch weisen Sie bitte nicht voller Begeisterung sofort auf das letztgenannte der geschäftlichen Programme hin.

Der Umgang miteinander

Es gibt Menschen, die haben die Gabe andere glücklich zu machen. Sie mögen Menschen und besitzen einen großen Vorrat an Herzlichkeit. Sie ermutigen und erfreuen und sind überzeugt, dass es eine Pflicht zur Freundlichkeit gibt.

Was erfreut und beglückt Sie an Ihrer Partnerin oder Ihrem Partner und an Ihren Kindern besonders? Wie lassen Sie Ihre Freude darüber erkennbar werden? Was tun Sie, damit die anderen ihre Gabe nicht verlieren? Was wissen Sie über die Lebensziele und die Wünsche Ihres Partners? Von welchen Regeln lassen Sie sich im Umgang mit dem anderen leiten? Sind es vielleicht diese: »Ich möchte den anderen nicht einengen, nicht bevormunden, nicht belehren, nicht unter Druck setzen, nicht degradieren, nicht belasten. Ich möchte dem anderen keine Schuldgefühle und kein schlechtes Gewissen beibringen. Ich wünsche mir eine enge Verbundenheit frei von Eingeengtheit.«

Je enger die Bindung zweier Menschen ist, umso mehr hat jeder von ihnen die Freiheit des anderen zu respektieren und zu schützen. Den anderen so formen zu wollen, wie man ihn haben möchte, hat etwas von Anmaßung. Die Elemente des freiheitsfeindlichen Verhaltens: Einmischung, Anweisungen, Forderungen, Belehrung, Bevormundung, Kritik, Herabsetzung, Kontrolle, Zensuren, Verlangen nach Rechtfertigung.

Manche Menschen erkennen nicht, was sie im Umgang mit ihrem Partner treiben. Sie halten sich für mitfühlend, hilfsbereit, Anteil nehmend, wohlwollend und bemüht. In Wirklichkeit leiden sie an einer Einmischungsmanie und agieren als Bevormundungs-Freak mit nervtötendem Gehabe. Sie fragen, fragen, fragen. »Wo warst du? Wo bist du? Was machst du? Wann kommst du? Könntest du nicht auch mal? Wer war das? Was wollte sie? Was hat sie gesagt? Was hast du geantwortet? Musst du eigentlich immer? Sieht man dich auch mal? Hast du dich wieder beruhigt? Bist du wieder zu dir gekommen? Kann man jetzt wieder vernünftig mit dir reden?«

Ermutigen Sie Ihren Partner. Erhalten Sie ihm den Enthusiasmus. Er möchte etwas unternehmen. Für Sie ist es vielleicht irrelevant und unnötig. Nehmen Sie ihm nicht die Unternehmungslust. Es gibt zu viele, die lähmen, und manche von ihnen sind mürrisch dazu. Sie blicken den anderen an, als hätte er den Verstand verloren und anschließend fängt die Zerstörung an: »Warum? Was soll das bringen? Das ist doch alles sinnlos. Das ändert doch auch nichts. Muss das sein?« – »Nein, es muss nicht sein. Es war nur eine Idee. Und ich hatte eine solche Freude daran!«

Optimismus

Glücklich ist der Mensch, der einen Optimisten mit Tatkraft zum Partner hat. Weniger gut geht es dem, der einen Pessimisten hat, vielleicht sogar noch voller Ressentiments. Was positive und gütige Menschen zu geben und zu bewegen vermögen, dafür liefert Nelson Mandela den Beweis. Es gibt zwei Optimisten-Arten, den Hoffnungsoptimisten und den Handlungs-Optimisten. Ersterer: »Das wird auch wieder besser. Das regelt sich von selbst. Auf Regen folgt Sonne. Ansonsten, du wirst es schon schaffen!« Der Handlungsoptimist: »Ich bin sicher, dass es eine Lösung gibt und werde sie finden. Und dann nehme ich das in die Hand!«

Werden Sie wahrnehmungsfähig für die Außergewöhnlichkeit des Gewöhnlichen. Geben Sie dem Normalen die Chance, etwas Besonderes zu werden. Machen Sie aus dem Dienstag einen Sonntag. Bringen Sie mehr Festlichkeit in Ihr Leben. Treten Sie festlich auf, nicht nur dann, wenn Sie das Haus verlassen – auf dem Wege zum Wettbewerb mit Fremden. (»Was siehst du gut aus, wenn du gehst!«)

Profi in privaten Gesprächen

Privat Profi? Das heißt vor allem »Profi in privaten Gesprächen«. Mit dem, was Sie privat reden, fördern oder gefährden Sie Ihr privates Glück. Sie gestalten die Stimmung und Gemütslage Ihres Partners und seine Einstellung Ihnen gegenüber. Sie erfreuen, entspannen, beruhigen, befreien und ermutigen ihn, oder belasten, kränken, verwirren, langweilen, vergiften und ängstigen ihn. Sie erhalten sich die Zuneigung oder produzieren Abwehr und Widerwillen. Jedes Gespräch hinterlässt Ablagerungen.

Die Fahrlässigkeit, mit der in privaten Gesprächen die Themen gewählt und behandelt werden, ist unbeschreiblich. Im beruflichen Bereich wäre ein solches Verhalten undenkbar. Es sei denn, man würde von Probezeit zu Probezeit wechseln. Nehmen Sie einmal auf Band auf, was Sie reden. Hören Sie es sich an. Kein Comedian wird es schaffen, Sie mehr zum Lachen zu bringen. Legen Sie eine Liste der Themen an, über die Sie miteinander sprechen. Vielleicht halten Sie die Idee für grotesk. Sie ist es nicht.

Im Beruflichen wägen Sie ab, was Sie sagen, wann Sie es sagen, wie Sie es sagen und was Sie auf keinen Fall sagen werden. Stellen Sie sich vor, Sie würden mit Ihrem Chef so reden wie mit Ihrem privaten Partner: »Sind Sie auch immer so schwach und erschöpft wie ich? Herrscht bei Ihnen auch immer so ein Durcheinander? Haben Sie, was uns angeht, nicht auch die Hoffnung völlig aufgegeben? Meinen Sie nicht, dass wir den Laden dicht machen sollten? Sind Sie sich eigentlich klar darüber, dass Sie uns in diese Lage hinein geritten haben? Von Ihnen habe ich mehr erwartet, aber da habe ich mich wohl geirrt!«

Gibt es ein Thema, auf das Sie fixiert sind, das sich in jedes Ihrer Gespräche hineindrängt und das Sie geradezu besessen und zwanghaft behandeln? Handelt es sich dabei um die Lage, einen Sachverhalt oder um eine Person? Wie lange hält Sie dieses Thema bereits in Geiselhaft? Wie wirkt es auf Ihren Partner, wenn Sie wieder mit diesem Thema beginnen? In welche Gemütslage versetzt es den anderen? Halten Sie schriftlich fest, was Sie zu diesem Thema zu sagen haben. Verbannen Sie es aus Ihren Gedanken und Gesprächen auf Papier. Nehmen Sie es auf diese Weise in Sicherungsverwahrung. Erkennen Sie, was die Diktatur dieses Themas aus Ihnen gemacht hat.

Welche und wie viele Themen beziehen sich auf Ihr Berufsleben? Wie viele davon enthalten positive Botschaften und wie viele negative? Welche der Themen sind langweilig und welche interessant und inspirierend? Legen Sie eine Liste der Personen an, die in Ihren Gesprächen vorkommen. Wer gehört zum Ensemble? Welche Personen spielen die Schurkenrollen, und wer ist für das Edle und Gute zuständig? Wen sollten Sie endlich aus Ihren Gesprächen entlassen? Welche Ihrer Themen enthalten Berichte, Mitteilungen, Informationen, Kommentare? Bei welchen geht es darum, etwas unternehmen zu müssen? Und wie oft wird darüber gesprochen, ohne dass etwas geschieht? »Wir sollten, wir müssen, wir haben immer noch nicht!«

Liefern Sie mit Ihren Gesprächen Optimismus und Anerkennung oder Pessimismus und Anklagen? Dienen sie dazu, Belastungen, Ärger und Frust beim Partner abzuladen oder aber ihn zu erfreuen, zu befreien, zu aktivieren und zum Lachen zu bringen? Mit welchen Themen und Äußerungen tragen Sie Angst und Furcht in das Leben Ihrer Familie? In wie vielen Ihrer Gespräche geht es um negative Aussagen über Abwesende?

Wie intensiv beklagen Sie die Verhältnisse und nennen die Schuldigen? Welchen Anteil an Ihren Gesprächen haben die Vergangenheit, die Gegenwart und die Zukunft? Ihre Gespräche verraten Ihnen, in welcher Zeit Sie leben. Er: »Übrigens, was ich dir noch erzählen wollte, es war kurz nach dem Krieg...« Sie: »Gut, dass du mich erinnerst, ich muss den Garten sprengen!« Admiral Hyman G. Rickover hat festgehalten, was die Gespräche eines Menschen über ihn auszusagen vermögen: »Kleine Geister sprechen über Personen, gewöhnliche Geister sprechen über Ereignisse, große Geister sprechen über Ideen.«

Liefern Sie nicht zu allem, was der andere sagt, sofort einen Kommentar. Verzichten Sie auf Belehrungen und Schuldzuweisungen. Reden Sie weniger von sich. Beginnen Sie nicht sofort mit Ihren Themen, sondern mit denen des anderen. Hören Sie zu, stellen Sie Fragen, halten Sie sich mit Urteilen und Kommentaren zurück. Der andere möchte Verständnis, Mitgefühl und Hilfe und nicht eine Urteilsverkündung.

Bringen Sie Ruhe in das Gespräch. Vermitteln Sie dem anderen das Gefühl, dass Sie beim Thema bleiben werden, ihn nicht zu unterbrechen gedenken, und das weder abwürgen noch als irrelevant ansehen werden, was er bringt. Leiten Sie nicht bei allem, was der andere sagt, sofort auf sich über: »Also, was mich angeht!« Holen Sie nicht endlos aus, bevor Sie zur Sache kommen. Lassen Sie Ihren Gesprächspartner frühzeitig erkennen, wohin die Reise geht. Halb so viele Worte, doppelt so viel Fröhlichkeit und Freundlichkeit. Präzise und klar. Auskünfte, mit denen der andere auf Anhieb etwas anfangen kann.

Langweilen Sie den anderen nicht. Stehlen Sie ihm nicht mit langatmigem Gerede über Uninteressantes und Irrelevantes die Zeit. Starten Sie mit positiven Themen. Bereiten Sie sich auf diese vor. Wenn Sie zu Hause eintreffen, sollten Sie nicht mit einem Mülleimer erscheinen, sondern im Besitz einer positiven, erfreulichen und Sicherheit liefernden Mitteilung sein.

Ergreifen Sie nicht ständig das Wort. Fassen Sie den Entschluss, nicht mehr zu allem was geschieht, was der andere tut oder sagt, eine Bemerkung abliefern zu müssen. Reines Gerede ist reine Verschwendung. Schallwellen anstelle von Taten. Aufgeblasenes ohne Gewicht, Popcorn der Kommunikation.

Präventive Maßnahmen

Lassen Sie nicht zu, dass die Probleme der Gegenwart alle Zeit an sich reißen und keine Zeit mehr für die Vermeidung zukünftiger Probleme übrig lassen. Dokumentieren Sie mehr. Sichern Sie sich so die Hoheit über Ihre Vergangenheit – das Wissen um das, was war. Viele der zukünftigen Probleme werden irrelevant, wenn Sie den Zugriff auf Beweismittel haben. Dokumentieren Sie, was Sie getan haben. Wo Sie wann waren, mit wem Sie gesprochen haben, was Sie erledigt haben, was Sie versprochen haben und was Sie vereinbart haben. Treffen Sie die notwendigen Verfügungen.

Schreiben Sie sich Ihre Befürchtungen und Besorgnisse auf.

Erst, wenn Sie diese schriftlich vor sich sehen, erkennen Sie, auf welchen Gebieten Sie vorbeugend tätig werden müssen. Dokumentieren Sie Ihre Unterlassungen und Versäumnisse. Erfassen Sie, zu welchen Unterlassungen Sie neigen, und erkennen Sie damit Ihr Fahrlässigkeitsprofil. Stellen Sie fest, was Sie von dem bisher Versäumten nachholen können, und beseitigen Sie so potenzielle Risikoquellen.

Legen Sie eine Liste der möglichen Ereignisse an, auf die Sie sich vorbereiten sollten. Eigene Erkrankung, Erkrankung von Angehörigen, Unfall, Todesfall, Verschlechterung oder Zusammenbruch von Beziehungen, Verletzung Ihrer Rechte, finanzielle Probleme, Überfall, Einbruch, Diebstahl, Verlust von Dokumenten. Nehmen Sie in Ihre Präventionsliste auch die Ereignisse auf, die Sie für unwahrscheinlich halten.

Verhalten Sie sich gegenüber dem, was geschehen könnte, so, als würde es geschehen. Setzen Sie für die potenziellen Ereignisse mit den größten Folgen auch die meiste Zeit ein. Unterscheiden Sie zwischen zwei Arten von Problemen. Solchen von höchster Gefährlichkeit und solchen, die eher eine Belastung oder ein Ärgernis darstellen. Zu letzteren gehören: Flug fällt aus. Verspätungen. Kein Hotelzimmer frei. Kein Taxi zu bekommen. Nachricht nicht erhalten. Partner verfehlt. Niemand erreichbar. Gepäck verloren gegangen. Computer defekt. Bereiten Sie sich auch auf diese Fälle so vor, dass Sie schnell und ohne große Mühe reagieren können.

Arbeiten Sie für jeden Eventualfall, den Sie für vermeidbar halten, eine Vermeidungscheckliste aus. Was ist zu tun, um den Eintritt dieses Ereignisses zu verhindern? Legen Sie Checklisten für die Ereignisse an, die Sie nicht vorbeugend verhindern können. In welche Lage werden Sie geraten? Welche Folgen wird das haben? Wozu werden Sie gezwungen sein? Welche Informationen werden Sie dann brauchen?

Sichern Sie sich vorbeugend Hilfe und Unterstützung. Entwickeln Sie für jedes mögliche Problem eine Liste der verfügbaren Helfer. Organisieren Sie ihre Erreichbarkeit. Besprechen Sie mit ihnen, was in einem Notfall zu geschehen hat. Übergeben Sie ihnen vorab die Informationen, die sie dafür brauchen. Zeigen Sie ihnen, wo was zu finden ist. Pflegen Sie den Kontakt zu diesen Personen und Institutionen. Gewinnen Sie bei ihnen eine Vorzugsstellung.

Fortschritte

Der heutige Tag ist für den morgigen Tag der gestrige. Die Qualität der kommenden Tage hängt von dem ab, was Sie am heutigen Tag für sie getan haben. Lassen Sie sich davon leiten. Schieben Sie weniger auf. Tun Sie mehr so frühzeitig wie möglich. Nichts motiviert so sehr wie das, was Sie bereits geschafft haben, obwohl es noch nicht nötig schien. Je mehr Sie an einem Tag geleistet haben, umso wahrscheinlicher ist es, dass Sie am Abend fragen: »So, was unternehmen wir jetzt?«

Messen und dokumentieren Sie das, was Sie am jetzigen Tag für die kommenden Tage geleistet haben. Messen Sie auch das, was üblicherweise nie gemessen wird. Was haben Sie gewagt? Was haben Sie entschieden? Was beendet? Was gesichert? Wovon haben Sie sich befreit? Was haben Sie besser organisiert, vereinfacht, erleichtert? Wofür bessere Werkzeuge beschafft? Welchen Engpass gesprengt? Zu wem Kontakt aufgenommen? Welche Informationen erhalten? Welche Verpflichtungen erfüllt? Welchen Ärger vermieden? Mit wem Frieden geschlossen? Welche Unterstützung gewonnen? Was ist zukünftig nicht mehr nötig? Was ist sicherer geworden? Was können Sie von jetzt an schneller und bequemer erledigen? Was ist leichter zu finden? Wo herrschen mehr Ordnung und Übersicht?

Es gibt Verbesserungsschritte und Verbesserungssprünge. Erstere helfen Ihnen, etwas »richtig« zu machen. Letztere bringen Sie dazu, das »Richtige« zu tun. Nach »Schritten« werden Sie besser. Nach »Sprüngen« geht es Ihnen besser.

Warten Sie nicht, bis die Verhältnisse sich so entwickelt haben, dass ein vitales Privatleben möglich wird. Kein anderer schenkt Ihnen die Verhältnisse, die Sie gerne hätten. Der einzige, der die Macht hat, das zu tun, sind Sie. Freiheit ist das Glück des Lebens. Um sie zu gewinnen gilt: »Die kühnste Lösung ist die beste!«

Nutzen Sie die folgenden Empfehlungen!

Mit dem, was Sie tun, entscheiden Sie auch, was Sie deshalb nicht tun können.

„Vielen Dank für Ihre Einladung
zum Besuch der Goldmine.
Leider kann ich sie nicht annehmen.
Ich arbeite seit Monaten
an einem Kieselstein-Projekt
und bin zeitlich nicht in der Lage,
mich anderem zu widmen."

© Günter F. Gross

Heute ist für morgen gestern.

Wie es Ihnen morgen geht, bestimmen Sie mit dem, was Sie am heutigen Tag vollbringen.

Fragen Sie sich deshalb jeden Tag: „Was würde ich mir morgen wünschen, heute getan zu haben?"

_____
_____
_____
_____

© Günter F. Gross

Die Würde des Menschen ist unantastbar.

Respektieren Sie die Würde anderer.
Doch Ihre eigene auch.
Verzichten Sie auf Jammern und Klagen.
Es tut Ihrer Würde nicht gut.

_____

_____

_____

_____

© Günter F. Gross

Gestatten Sie der Alltäglichkeit nicht, Sie alltäglich zu machen.

Werden Sie wahrnehmungsfähig für die Außergewöhnlichkeit des Gewöhnlichen und das, was sich aus ihm machen ließe.

Geben Sie dem Normalen die Chance, etwas Besonderes zu werden. Machen Sie den Dienstag zum Sonntag. Bringen Sie mehr Festlichkeit in Ihr tägliches Leben.

Bereiten Sie Überraschungen vor, und bringen Sie die Routine zum Zittern. Sie ist schon viel zu lange im Haus, es wird Zeit, dass sie verschwindet.

_____

_____

_____

_____

© Günter F. Gross

Versuchen Sie nicht, alles allein zu lösen. Sichern Sie sich die Unterstützung anderer.

Suchen Sie beharrlich und kreativ nach denen, die Ihnen zu Entlastung und Freiheit verhelfen können.

Verzichten Sie nicht darauf, jemanden um etwas zu bitten, nur weil Sie befürchten, dass er oder sie „Nein" sagen könnte.

© Günter F. Gross

Freiheit ist das Maß aller Dinge und wert, gemessen zu werden.

Was Sie auch tun, es hat dem Erhalt Ihrer Freiheit zu dienen.

Fragen Sie sich deshalb bei allem, was Sie durchdenken und planen: Was bringt es an Freiheitsgewinn, und was an Freiheitsverlust?

Messen Sie, was Sie an Freiheit besitzen.

_____

_____

_____

_____

© Günter F. Gross

HIGHLIGHT-VORTRAG

Ideen zur persönlichen Erfolgsstrategie

und zu den Themen
Privat Profi, Chefentlastung, Zeitstrategie, Zeitverteidigung und Stimmungsmanagement
finden Sie regelmäßig als »Botschaften der Woche«
auf der Günter F. Gross-Homepage.
Dort finden Sie auch ausführliche Informationen
über den

Günter F. Gross – Highlight-Vortrag:

»Beruflich Profi, privat Amateur?«

Mehr Zeit, Kraft und Kreativität für ein glückliches Privatleben

den bereits eine große Anzahl namhafter Unternehmen
ihren Kunden und Mitarbeitern exklusiv geboten hat.

www.guenter-f-gross.de

Wenn Sie **Interesse** an **unseren Büchern** haben,

z. B. als Geschenk für Ihre Kundenbindungsprojekte, fordern Sie unsere attraktiven Sonderkonditionen an.

Weitere Informationen erhalten Sie bei Nikolaus Kuplent unter +49 89 651285-276

oder schreiben Sie uns per E-Mail an:
nkuplent@redline-verlag.de

REDLINE | VERLAG